Barbara Cratzius

Wir freuen uns aufs Weihnachtsspiel

Leichte Stücke zum Mitmachen und Mitspielen für die Advents- und Weihnachtszeit

Illustration: Simone Pahl

Ökotopia Verlag, Münster

Impressum

Autorin	Barbara Cratzius
Text	Barbara Cratzius, Bernhard Schön
Illustratorin	Simone Pahl
Herausgeber	Buchwerk Bernhard Schön, Idstein
Satz	Hain-Team, Bad Zwischenahn
ISBN	978-3-86702-022-0

1 2 3 4 5 6 7 8 9 10 11 12 · 13 12 11 10 09 08 07

Zu diesem Buch gibt es eine CD:

Ich freue mich noch mehr

Lieder, Gedichte und Geschichten zur Weihnachtszeit

ISBN 978-3-936286-49-6

Inhalt

Vorwort

Barbara Cratzius war während der letzten 25 Jahre mit über 200 Büchern und Broschüren eine der erfolgreichsten Autorinnen von Kinderliteratur und Kinderliedern in Deutschland. Das vorliegende Buch wird ihr letztes bleiben. Sie starb Ende letzten Jahres.

Ihre ersten Stücke entstanden für Laienspiel- und Gesangsgruppen. Das merkt man den Texten an: Sie trafen den richtigen Ton und waren deshalb so überaus beliebt bei ErzieherInnen und GrundschullehrerInnen.

Auch wenn Barbara Cratzius in den 80er und 90er Jahren manchmal das Gefühl hatte, junge PädagogInnen würden ihre Ideen für überholt halten – der Erfolg setzte sich ungebrochen fort. Warum auch nicht: Kinder heute haben genauso große Freude an den kleinen Versen und liebevollen Spielen. Und in der aktuellen Sprachförderung werden Reime, Fingerspiele und Lieder gerne eingesetzt, weil sie mit ihrem Rhythmus das Sprachgefühl schulen und sich so leicht einprägen, dass selbst Jüngere sie schnell gelernt haben und immer wieder aufsagen oder singen wollen.

Es gab aber nicht nur die auf Harmonie und Freude bedachte Verseschmiedin. Barbara Cratzius hat sich seit ihrer Kindheit in Swinemünde/Pommern und den Erfahrungen aus Krieg und russischer Besatzung in biografischen Texten mit Versöhnung und Frieden beschäftigt. Dass sie diesem Anliegen im „Weihnachtsspiel" ein ganzes Kapitel widmet, freut uns natürlich.

Für die Veröffentlichung stellte sie noch das Material zusammen und ordnete einen Teil ihrer Texte selbst. Weitere Passagen wurden von mir im Lektorat ergänzt; das konnte ganz in ihrem Sinne geschehen, denn wir hatten schon bei mehreren Projekten gut zusammengearbeitet. Wir nahmen auch Stücke aus der Weihnachts-CD von Ralf Kiwit in das Buch auf, die wunderbar zu den kleinen Spielstücken passen.

So ist aus diesem letzten Buch von Barbara Cratzius auch wieder ein musikalisches geworden. Die lustigen und besinnlichen Spielszenen, die eingängigen Texte und die Lieder zum Mitsingen und Mitmachen werden hoffentlich noch viele Kinder und Erwachsene erfreuen.

Bernhard Schön

Sankt Martin – Der Vorbote des Advents

Das Laternenlaufen ist ein wunderschöner Brauch. In manchen Gegenden sieht man bereits an den Septemberabenden bunte Lampions durch die Straßen tanzen: „Ich geh mit meiner Laterne und meine Laterne mit mir …“

Und in den Novembertagen – rund um den 11. 11. – wird es besonders lebendig auf den Straßen: „Sankt Martin ritt durch Schnee und Wind …“

Gerne wird auch in nicht konfessionellen Familien und Einrichtungen die alte Martinslegende erzählt. Und alle Kinder (und ihre Eltern) freuen sich, wenn an einem dunklen Novemberabend Sankt Martin hoch zu Ross durch die Straßen zieht, hinter sich einen bunten Zug von Laternenkindern.

Um Martin, den späteren Bischof von Tours, der im Jahr 316 in der römischen Provinz Pannonien (im heutigen Ungarn) geboren wurde, ranken sich viele Legenden. Die bekannteste ist die Geschichte von der Mantelteilung.

Der junge Martin ritt als römischer Soldat an einem eisigen Winterabend auf die Stadt Tour zu. Am Stadttor hockte ein Bettler, in Lumpen gehüllt. Die Menschen gingen achtlos vorbei. Martin wollte ihn unterstützen, aber er hatte weder Geld noch Brot bei sich. Da nahm er seinen weiten, warmen Soldatenmantel, zog sein Schwert und teilte ihn in der Mitte. Die eine Hälfte gab er dem Bettler. Der andere legte er wieder um seine Schulter und ritt weiter.

In der Nacht träumte Martin – so sagt die Legende –, dass Christus auf ihn zutrat und sprach: „Martin, du hast mir geholfen. Ich selbst war der Bettler!“

Da beschloss Martin: Ich will Christ werden und Christus nachfolgen. Er schied aus dem römischen Heer aus und ließ sich taufen. Bald gründete er das erste Kloster in Frankreich. Martin von Tours starb als hoch geachteter Bischof in Tour am 8. November 397 und wurde am 11. November beerdigt.

Auch an einem 11. November soll es gewesen sein, dass eine Abordnung den frommen Mann aufsuchte, um ihm das Amt des Bischofs von Tours anzubieten. Der bescheidene Martin wollte in aller Stille Gott dienen und versteckte sich in einem Gänsestall. Aber er wurde von den schnatternden Gänsen verraten.

So wollen es alte Bräuche in vielen Regionen Deutschlands, dass am Martinstag Gänse in verschiedener Form auftauchen: als Gänsebraten, als Gänseplätchen, als Fensterbilder …

Singspiel um St. Martin

Die Szene, in der St. Martin seinen Mantel mit einem frierenden Bettler teilt, ist eine der eindrucksvollsten Geschichten um das Wirken des großen Heiligen. Schon im Kindergarten- und Grundschulalter ist diese Szene gut nachzuspielen.

Rollen

Erzähler, 1 Bettler, 3 Wirtsleute, Sankt Martin

Das brauchen wir

Laternen, Wirtshausschild aus Pappe, Münzen, Stuhl oder großer Karton
St. Martin trägt einen weiten roten Mantel (roter Umhang aus Stoffbahn), dessen Teile nur lose zusammengeheftet sind, so dass er sie mit dem Holzschwert (oder mit der Hand) zerteilen kann; Sandalen, Holzschwert und goldenen Helm (Luftballon in Kopfgröße aufblasen, mit Pappmaschee s. S. 23 über diesen Ballon eine runde Kappe formen; Die Helmform wird aus gelber Pappe geschnitten, eventuell Federbusch daran befestigen);
der Bettler trägt ein dünnes T-Shirt mit Flicken und zerlöcherte Strumpfhosen,
die Wirtsleute können eine Schürze umbinden

So wird gespielt

Das Spiel kann vor dem Martinsumzug in der Einrichtung gezeigt werden Alle Kinder und auch die Zuschauer können die Lieder auf die bekannte Laternenmelodie mitsingen. – Die Spieler kommen mit ihren Laternen in den Spielraum gezogen und setzen sich im Kreis nieder. Sie stellen die Laternen vor sich hin. Die Kinder tragen ein Wirtshausschild mit oder setzen sich hinter ein Wirtshausschild. Das wird an einem Stuhl oder an einem großen Karton gut sichtbar befestigt. Der Bettler und St. Martin agieren in der Kreismitte.

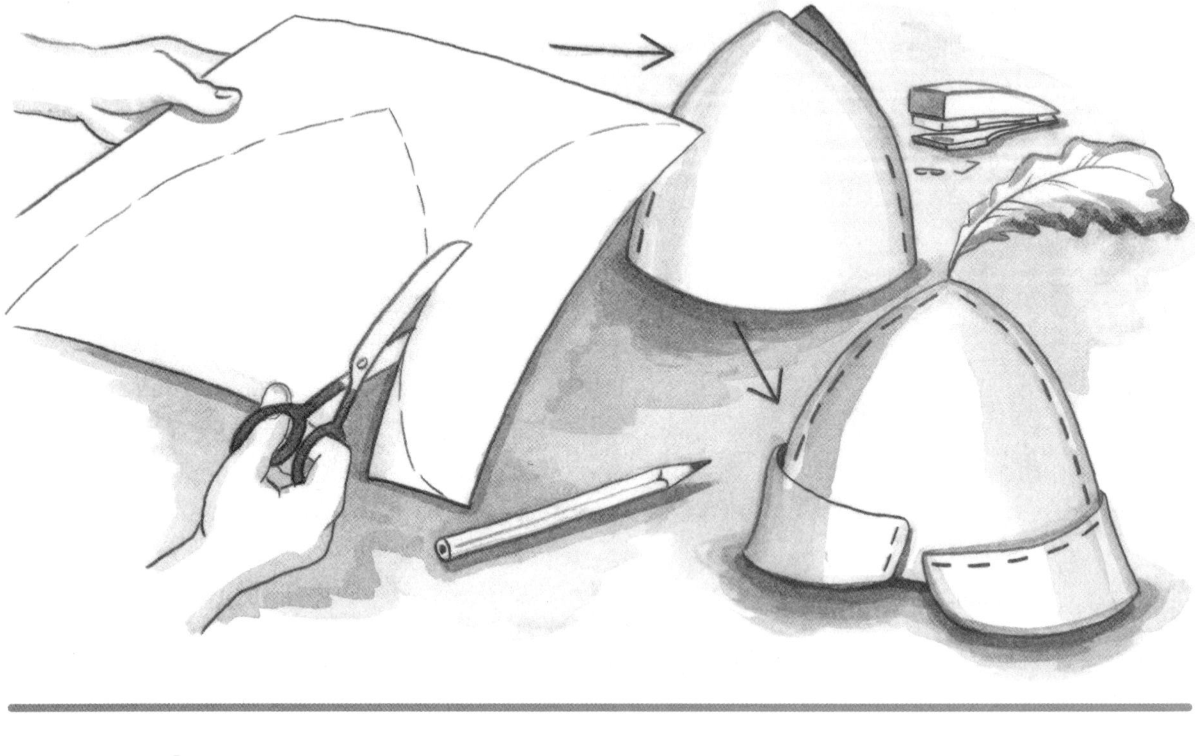

Das Spiel

Lied: nach der alten Melodie: *„Ich geh mit meiner Laterne"*

1. Wir ziehn mit unsern Laternen
   die Straße lang durch die Nacht.
   Wir haben mit unsern Laternen
   die Wege hell gemacht.
   Refrain: Zieh uns voran, du Reitersmann,
   St. Martin, wir folgen dir.

Die Kinder ziehen in langem Zug mit ihren Laternen durch den Raum, Kirche, Saal oder im Freien

2. Es leuchten unsre Laternen,
   kommt alle zu uns her.
   Wir singen unsre Lieder,
   wir werden immer mehr.
   Refrain: Zieh uns voran …

3. Wir ziehen mit unsern Laternen,
   nun halten wir alle an.
   Da kommt ein Bettler des Weges,
   ein armer, alter Mann.
   Refrain: Wer helfen kann? Ein Reitersmann,
   St. Martin wir folgen dir.

Die Kinder setzen sich zum Kreis nieder

Erzähler: Der Wind weht durch den Winterwald,
diese Nacht wird wieder kalt.
Seht, wer kommt des Weges daher?
Armer Mann, du frierst so sehr.

Bettler: Ich bin ein armer Bettelmann,
ist niemand, der mir helfen kann?
Wer öffnet mir, wer gibt mir Brot?
Wer wird mir helfen in meiner Not?
Er geht langsam im Kreis herum

Bettler: Ach, habt doch Mitleid, seht mich an,
ich bin ein armer, alter Mann.

1. Wirt (böse): Mein Haus ist voll bis unters Dach,
zieh weiter, frag woanders nach!

Bettler: Ich bitte, öffnet eure Tür,
und habt Erbarmen doch mit mir

2. Wirt: Das ist ja wirklich unerhört,
wer so spät meine Ruhe stört!
Zieh weiter fort, du Bettelmann,
heut keiner was verschenken kann!

Bettler: Ich friere so, mich hungert sehr,
bald hab ich keine Hoffnung mehr!

3. Wirt: So spät des Nachts! Was willst denn du?
Zieh weiter, ich brauch meine Ruh!
Nein, nein, auch meine Tür bleibt zu!

Kinder *(singen):*
4. Noch leuchten unsre Laternen
so dunkel in der Nacht.
Und niemand hat dem Bettler
die Türe aufgemacht.
Refrain: Wer helfen kann dem armen Mann.
St. Martin, zieh voran!

St. Martin: Ich ritt so lang durch Nacht und Wind,
mein Pferd, das trabte ganz geschwind.
Nun ziehe ich durchs Stadttor ein,
hell leuchtet der Laternenschein.
Wer hockt denn da am Straßenrand?
Wer hebt dort zitternd seine Hand?

Bettler: Ich warte hier in dunkler Nacht,
hat niemand sein Haus mir aufgemacht.
Ach Herr, ich bitt euch, haltet an
und helft dem armen, schwachen Mann.

St. Martin: Die Taschen sind fast alle leer,
doch diese Münzen geb ich her.
Er schlägt den Umhang zurück und krempelt seine Taschen um

Das reicht für Suppe und für Brot
und stillt fürs Erste deine Not.
Doch seh ich zittern dich und frieren,
da will ich keine Zeit verlieren.
Siehst du den warmen Mantel hier?
Ich will die Hälfte schenken dir.
Sieh, wie ich gerecht zerschneide,
er reicht gewiss noch für uns beide.
Ich teile dir den Mantel gern,
im Namen von Christus, unserm Herrn.
Martin teilt seinen Umhang mit dem Schwert

Bettler: Ihr seid ein edler Rittersmann,
ich weiß nicht, wie ich euch danken kann!
Alle Kinder stehen auf und formieren sich zum Schlussumzug

Kinder *(singen):*
5. Wir ziehn mit unsern Laternen,
laufen alle hinter uns her.
St. Martin lehrt uns zu teilen,
wir werden immer mehr.
Refrain: Zieh uns voran, du Reitersmann,
St. Martin, wir folgen dir.

6. Wir ziehen mit unsern Laternen,
nun wandern wir nach Haus.
Die Lieder klingen leiser,
die Lichter löschen wir aus.
Du zogst voran, du Reitersmann,
St. Martin, wir folgen dir.

Heil'ger Martin, zieh voran

Kinder lernen mit großer Begeisterung neue Texte auf bekannte Melodien. Die folgende Variante nimmt Melodie und Struktur des bekannten überlieferten Martinsliedes „Martin ist ein frommer Mann" mit neuem Text von Barbara Cratius.

1. Martin, Martin, Martin ist ein frommer Mann.
   Mond und Sonne und ein Schwan,
   Hühner, Eulen und ein Hahn.
   Heil'ger Martin, zieh voran.

2. Martin, Martin, Martin
   ist ein frommer Mann.
   Heller als der Sternentanz
   leuchtet unser Lichterglanz.
   Heil'ger Martin, zieh voran.

3. Martin, Martin, Martin ist ein frommer Mann.
   Ist dein Licht schon ausgebrannt,
   komm, ich nehm dich bei der Hand.
   Heil'ger Martin, zieh voran.

4. Martin, Martin, Martin
   ist ein frommer Mann.
   Geht nach Haus noch lange nicht,
   kommt, ich teil mit euch das Licht!
   Heil'ger Martin, zieh voran.

5. Martin, Martin, Martin ist ein
   frommer Mann.
   Und wir singen froh das Lied,
   alle, alle ziehen mit.
   Heil'ger Martin, zieh voran.

Laterne, Laterne – Kleines Singspiel

Dieses Lied kennen alle Kinder. Wir haben es ein wenig abgewandelt und einige Anregungen für passende Bewegungen dazugestellt.

Laterne, Laterne

1. Laterne, Laterne,
   Mit den Händen eine gewölbte Laterne bilden
   Sonne, Mond und Sterne,
   Mit den Armen einen großen Kreis beschreiben, die Sterne mit den Fingerspitzen aufs „Himmelsgewölbe" setzen
   ich will mit dir spazieren gehen,
   Mit den Füßen auf der Stelle gehen
   mein Licht soll'n alle Leute sehn.
   Nach links und rechts schauen
   Laterne, Laterne.

2. Laterne, Laterne,
   Mit den Händen Laterne bilden
   Sonne, Mond und Sterne
   Mit den Armen einen großen Kreis beschreiben …
   seht unser Licht in dunkler Nacht,
   das hat die Straße (das Zimmer) hell gemacht.
   Laterne hochhalten
   Laterne, Laterne.

3. Laterne, Laterne,
Mit den Händen Laterne bilden
Sonne, Mond und Sterne,
Mit den Armen einen großen Kreis beschreiben …
Laternenlicht, verlösche nicht,
du machst ganz hell auch mein Gesicht.
Laterne nähe vor das Gesicht halten
Laterne, Laterne.

4. Laterne, Laterne,
Mit den Händen Laterne bilden
Sonne, Mond und Sterne.
Mit den Armen einen großen Kreis beschreiben, …
Jetzt puste ich das Lichtlein aus,
komm mit, wir gehen zusammen nach Haus.
Ein Kind knipst / pustet seine Laterne/ Kerze aus
Laterne, Laterne.

5. Laterne, Laterne,
Mit den Händen Laterne bilden
Sonne, Mond und Sterne.
Mit den Armen einen großen Kreis beschreiben …
Jetzt pusten wir die Lichtlein aus,
und spielen dann bei uns zu Haus.
Alle anderen Kinder knipsen / pusten ihre Laternen / Kerzen aus
Laterne, Laterne.

Warten im Advent

Advent wird zwar erst seit gut 250 Jahren gefeiert, und das, was wir heute als alten Brauch betrachten, ist wahrscheinlich noch jünger. Trotzdem wurden für die Tage vor Weihnachten – wie auch für all die anderen christlichen Feste – Sitten übernommen oder angepasst, die es schon bei unseren germanischen und keltischen Vorfahren gab. Dazu gehören z. B. der Kranz als Sonnensymbol oder das Immergrün der Tannenzweige und das Kerzenlicht – beides sollte Dunkelheit und böse Geister vertreiben. Heute versuchen wir in der Einrichtung, den Kindern ein wenig von der Vorfreude auf Weihnachten zu vermitteln, wie wir sie selbst vielleicht noch erlebt haben: die Zeit der Stille und der gespannten Erwartung, die jetzt häufig vom lauten Vorweihnachtsrummel übertönt wird.

Kreisspiel um den Adventskranz

Rollen

Erzählerin (Spielleitung), mindestens 10 Kinder

Das brauchen wir

Wintermantel, Tannenzweige, Adventskranz mit 4 Kerzen, Streichhölzer

So wird gespielt

Immer montags nach den Adventssonntagen versammeln sich die Kinder um den Kranz. Der Raum ist nur spärlich erleuchtet. Nach dem zweiten Adventssonntag brennen zwei, nach dem dritten drei und nach dem vierten Adventssonntag alle Kerzen.
Die Kinder können zu Anfang in einer langen Reihe durch den Raum ziehen und sich danach zum Kreis hinsetzen. Die jeweiligen Sprecher stehen auf. In der Mitte steht der Adventskranz. Nacheinander wird immer eine Kerze mehr angezündet. Das Lied: „Wir sagen euch an den lieben Advent" (s. Seite 15) kann während des Umzugs gesungen werden.

Das Spiel

Zwei Kinder oder alle gemeinsam sprechen:
Es ist für uns eine Zeit angekommen,
wir schnuppern in die Winterluft.
Ihr lieben Tannen, habt Dank für die Zweige
und für den frischen Nadelduft.
Unsre Kerzen leuchten weit,
leuchten weit, leuchten weit.
Freut euch auf die Weihnachtszeit.

1. Sprecher: Der Winterwind, der weht so kalt,
kommt mit uns in den Winterwald.
Zieht fröstelnd den Mantel um die Schultern

2. Sprecher: Wir zogen hinaus so viele Stunden
und haben Tannenzweige gefunden.
Tannenzweige hochhalten

3. Sprecher: Die Zweige binden wir zum Kranz,
bald steht er da im Lichterglanz.
Auf den Adventskranz deuten

4. Sprecher: Wir schnuppern schon den Tannenduft,
riechst du es auch: Das ist Weihnachtsluft.
Riecht an einem Tannenzweig

5. Sprecher: Die erste Kerze im Dunkeln brennt,
wir feiern voll Freude den Advent.
Erste Kerze anzünden (nach dem ersten Adventssonntag)

6. Sprecher: Und dann die zweite Kerze brennt,
wir basteln und singen im Advent.
Zweite Kerze anzünden (nach dem zweiten Adventssonntag)

7. Sprecher: Die dritte Kerze wird angemacht,
und heller wird die dunkle Nacht.
Dritte Kerze anzünden (nach dem dritten Adventssonntag)

8. Sprecher: Die vierte Kerze schenkt glänzenden Schein,
und Weihnachtsfreude zieht bei uns ein.
Vierte Kerze anzünden (nach dem vierten Adventssonntag)

9. Sprecher: Von Tag zu Tag ein bisschen mehr
ziehn Duft und Kerzenschein zu uns her.
Mit den Händen Luft zur Nase fächeln

10. Sprecher: Und hoch am Himmel vom Sternenzelt,
da glänzt es herab auf unsre Welt.
Hände nach oben heben und Arme weit öffnen

Alle Kinder stehen auf, stellen sich nahe um den Kranz herum und reichen sich die Hände

Erzählerin: Wir wollen uns die Hände reichen.
Wir stehn um den Kranz, das ist wie ein Zeichen.
Soll keiner draußen alleine sein,
kommt alle in unsern Kreis hinein.

Mit dem bekannten Lied „Wir sagen euch an den lieben Advent“ können die Kinder um den Kranz herumziehen und danach in großem Bogen im Raum herumwandern. Nach dem ersten Adventssonntag wird nur die erste Strophe gesungen, nach dem zweiten auch die zweite, nach dem dritten drei und nach dem vierten Adventssonntag alle Strophen. Das ist ein schönes Schlussbild, wobei der Raum möglichst nur von Kerzenlicht erhellt wird.
Wenn an dem kleinen Spiel auch die Eltern teilnehmen, können sie mitsingen und mit den Kindern gemeinsam um den Kranz gehen.

Wir sagen euch an den lieben Advent

Nr. 2

Musik: Heinrich Rohr – Text: Maria Ferschl

Aus: (Hg. Lohmann / Diewald) Weihnachts Singbuch 2 © Verlag Herder, Freiburg i. Breisgau

1. Wir sagen euch an den lieben Advent.
   Sehet, die erste Kerze brennt.
   Wir sagen euch an eine heilige Zeit.
   Machet dem Herrn die Wege bereit.

   Refrain:
   Freut euch ihr Christen, freuet euch sehr.
   Schon ist nahe der Herr.

2. Wir sagen euch an den lieben Advent.
   Sehet, die zweite Kerze brennt.
   So nehmet euch eins um das andere an,
   wie auch der Herr an uns getan.

   Refrain: Freut euch …

3. Wir sagen euch an den lieben Advent.
   Sehr, die dritte Kerze brennt.
   Nun tragt euer Güte hellen Schein
   Weit in die dunkle Welt hinein.

   Refrain: Freut euch …

4. Wir sagen euch an den lieben Advent.
   Sehet, die vierte Kerze brennt.
   Gott selber wird kommen, er zögert nicht.
   Auf, auf, ihr Herzen und werdet licht.

   Refrain: Freut euch …

Spiel von den fünf Tannenbäumchen

Ein trauriger Anblick, wenn – meistens nach dem 6. Januar – die Weihnachtsbäume abgeschmückt, aus den Ständern genommen und auf die Straße zum Abholen gestellt werden. Vielleicht gibt es in Ihrer Einrichtung ausreichend Freifläche, um dieses Jahr ein Weihnachtsbäumchen samt Wurzeln zu besorgen und nach dem Fest mit den Kindern gemeinsam einzupflanzen. In den nächsten Jahren wird das Bäumchen dann draußen geschmückt.

Rollen

5 kleinere, 2 größere Kinder, 1 Förster

Das brauchen wir

Tannenzweige für jedes Kind (auf einem Waldspaziergang sammeln!), grüner Hut für den Förster, große Tannen, auf Pappbögen gemalt, an den Wänden befestigen, Baumschmuck, Lichterkette

So wird gespielt

Dieses kleine szenische Spiel kann aus dem Kreis heraus gespielt werden. Die Stühle der sieben Tannenkinder sind mit Tannenzweigen geschmückt. Die Kinder können auch Zweige in den Händen tragen.

Im Anschluss an das Spiel können die Kinder ein kleines Bäumchen schmücken, das mit allen Wurzeln ausgegraben und in einen Topf gestellt worden ist. Dazu verwenden die Kinder ihren selbst gebastelten Baumschmuck.

Es macht den Kindern besonderen Spaß, wenn sie mit Hilfe von Erwachsenen ein Bäumchen mit elektrischen Kerzen bestücken können. Frühmorgens, wenn die Kinder in den Kindergarten oder in die Schule kommen, leuchtet ihnen das Bäumchen dann entgegen.

Das Spiel

1. Tannenkind: Wir Tannenkinder im Winterwald,
wir sind noch klein, sind noch nicht alt.
Zeigt mit einer Hand, wie klein sie sind

2. Tannenkind: Die großen Tannen, schaut mal her,
die tragen Äste breit und schwer.
Deutet auf die gemalten Tannen

3. Tannenkind: Die dürfen ins Haus der Menschen hinein,
da werden sie geschmückt so fein.
Beide Arme bilden Zweige

4. Tannenkind: Mit Kugeln, Sternen, roten Herzen,
bald glänzen dann die vielen Kerzen.
Zeigt pantomimisch den Baumschmuck

5. Tannenkind: Doch wir bleiben hier im Winterwald,
da fegt der Sturm so eisig kalt.
Arme um den Körper legen

6. (größeres) Tannenkind: Ihr Tannen lauscht, von fern und nah,
hört her, was nach dem Fest geschah.
Ihr steht dann kahl ohne Nadeln da.
Man wirft euch Tannen aus dem Haus
in den eisigen Winterwind hinaus.
„Äste“ (Arme) hängen traurig herunter

7. (größeres) Tannenkind: Ihr aber könnt euch weiter freun
an Tau und Regen und Sonnenschein.
Im Sommerwind könnt ihr euch biegen,
die Vogelnester dürft ihr wiegen.
Äste breiten sich aus, Körper wiegt sich hin und her
So seht, wer stapft da durch den Wald?
Nun macht er gerade vor euch Halt.

Förster: Ich bin der Förster mit grünem Hut.
Ihr Tännchen, ihr habt es heute gut.
Ich grab euch mit allen Wurzeln aus,
Mit einer symbolischen Schaufel graben
dann steht ihr im Garten vor dem Haus.
Ihr leuchtet am Abend mit vielen Kerzen,
macht hell die Nacht und froh die Herzen.
Ihr bleibt das ganze Jahr dort stehn,
könnt andere Bäume wachsen sehn.
Und im Winter, da freun sich die Kinder im Traum
schon wieder auf den schimmernden Weihnachtsbaum.
7. Tannenkind breitet die Arme als Äste aus

Alle anderen Kinder wandern um das Bäumchen (das 7. Kind) herum, singen die drei bekannten Strophen von „O Tannenbaum“ und anschließend zwei neue.

O Tannenbaum

Nr. 22

Melodie: altes Studentenlied – Text: 1. Strophe A. Zarnack, 2. und 3. Strophe Ernst Anschütz 1824, 4. und 5. Strophe Barbara Cratzius

1. O Tannenbaum, o Tannenbaum,
wie grün sind deine Blätter!
Du grünst nicht nur zur Sommerzeit,
nein, auch im Winter, wenn es schneit.
O Tannenbaum, o Tannenbaum,
wie grün sind deine Blätter

2. O Tannenbaum, o Tannenbaum,
du kannst mir sehr gefallen.
Wie oft hat doch zur Weihnachtszeit
ein Baum von dir mich hocherfreut.
O Tannenbaum, o Tannenbaum,
du kannst mir sehr gefallen.

3. O Tannenbaum, o Tannenbaum,
dein Kleid will mich was lehren:
Die Hoffnung und Beständigkeit
Gibt Trost und Kraft zu jeder Zeit.
O Tannenbaum, o Tannenbaum,
dein Kleid will mich was lehren.

4. O Tannenbaum, o Tannenbaum,
wir wollen dich heut schmücken.
Bringt alle eure Sterne her,
die Nüsse, Äpfel und noch mehr.
O Tannenbaum, o Tannenbaum,
wir wollen dich heut schmücken.

5. O Tannenbaum, o Tannenbaum,
du sollst noch lange grünen.
Kannst dich im hellen Sonnenschein
an Blumen und an Käfern freun.
O Tannenbaum, o Tannenbaum,
du sollst noch lange grünen.

Kleines Spiel von den Weihnachtsorten

Viele Orte mit „Weihnachtsnamen“ sind inzwischen so populär, dass sie säckeweise Post bekommen, manchmal treffen die ersten Briefe schon im August oder September ein.

Rollen

3 Sprecher

Das brauchen wir

Gelbe Pullis oder T-Shirts, mit einem Posthorn (aus Filz oder Moosgummi) geschmückt

So wird gespielt

Die Kinder treten jeweils nach vorne und sprechen ihren Text. Wer etwas mehr Aufwand betreiben möchte, lässt ältere Kinder Pappschilder mit den Namen der Weihnachtsorte hochhalten. Im Anschluss an dieses kleine Spiel können die Kinder gemeinsame malen, basteln und schreiben und die Ergebnisse an die Weihnachtsorte schicken.
Schulkinder können die Liste mit den Postleitzahlen im Postleitzahlenbuch nachschlagen.

Das Spiel

1. Sprecher: Bald gibt es Eis und ganz viel Frost,
da wird es Zeit für die Weihnachtspost.
1 – 2 – 3 – 4 – 5 – 6 – 7,
habt ihr eure Briefe schon geschrieben?
Auch Bilder gemalt für den Nikolaus?
Wer weiß: Wo steht wohl das Nikolaushaus?
Und wo denn wohl das Christkind wohnt?
Vielleicht auf den Wolken rechts vom Mond.

2. Sprecher: Ich will euch ein paar Orte nennen,
die werden ihr bestimmt nicht kennen.
Die gibt es wirklich mit Häusern und Straßen,
mit Schulen und Gärten und stillen Gassen.
Himmelsgarten und *Himmelsthür,*
vielleicht wohnen die fleißigen Engel hier?
Oder finden wir sie in *Engelschwand*
mit ihrem himmlischen Gewand?

3. Sprecher: Sind sie in *Engelsbach* wohl zu Haus
und waschen dort ihre Flügel aus?
In *Christdorf* oder *Christgarten* vielleicht
euer Brief das liebe Christkind erreicht.
In *Nikolausdorf,* am *Nikolausberg,*
wohnt dort wohl der Niklaus und manch ein Zwerg?
Nun wartet nicht, malt und schreibt sogleich,
dann kommt der Nikolaus (Weihnachtsmann) auch zu euch.

Weihnachtsorte mit den Postleitzahlen
86739 Christgarten
16909 Christdorf
99898 Engelsbach
54538 Engelsberg
79733 Engelschwand
99735 Himmelsgarten
31535 Himmelreich
31137 Himmelsthür
97267 Himmelstadt
49681 Nikolausdorf
37077 Nikolausberg
08399 Wolkenburg
09429 Wolkenstein

Wenn wir die Kerzen anzünden Reimspiel für die Jüngeren

Reime sind für alle kleinen Kindern spannend und unterhaltend, vor allem, wenn sie dabei auch noch raten dürfen.

So wird gespielt

Für dieses Reimspiel brauchen Sie keine großen Vorbereitungen. Der Text kann eine Kindergruppe als morgendliches Ritual in der Adventszeit begleiten. Nach einigen Tagen werden auch jüngere Kinder die einzelnen Zeilen, auf jeden Fall aber die gesuchten Reimwörter, selber sprechen können. Zeigen Sie Jüngeren das Bild von den Rentieren, und erklären Sie ihnen, dass in Nordeuropa und in den USA der Weihnachtsmann auf einem von Rentieren gezogenen Schlitten die Geschenke bringt.

Das Spiel

1. Das erste Lichtlein zünden wir heut an,
   dann wecken wir den Weihnachts-*mann*.
   Steh auf, du Guter, eins, zwei, drei,
   vier Wochen gehen so schnell *vorbei*.

2. Zwei Lichtlein zünden wir heut an,
   da rufen wir den Weihnachts-*mann*.
   Ist deine Wichtelschar bereit?
   Zwei Wochen noch – dann ist's *soweit*.

3. Drei Lichtlein zünden wir heut an,
   das lässt nicht Ruh dem Weihnachts-*mann*.
   Das Rentier wird nun angespannt,
   der Schlitten gepackt mit fleißiger *Hand*.

4. Vier Lichtlein zünden wir heut an,
   da freuen wir uns mit dem Weihnachts- *mann*.
   Ist alles fertig und alles bereit?
   So wunderbar ist die Weihnachts-*zeit*.

Von Schneeflocken, Frau Holle und dem Winterwind

In den folgenden Texten geht es um Schnee und Eis und die Freuden winterlichen Wetters. Da wir in die Anregungen bewusst keine christlichen Elemente aufgenommen haben, sind sie gut geeignet, Kinder aus anderen Kulturkreisen und religiösen Bekenntnissen zu integrieren. Kinder, die aus den Gebieten der ehemaligen Sowjetunion kommen, können von ihrem Brauchtum (Väterchen Frost, Frau Holle, Tanz der Schneeflocken etc.) erzählen und so die Erfahrungswelt der anderen bereichern.

Kleines Spiel von Frau Holle

Rollen

Erzählerin, Frau Holle, Herr Holle, 5 Kinder

Das brauchen wir

Schneebälle und Schneemänner aus Pappmaschee, viele große und kleine Kissen und / oder Kissenhüllen, Federn, 1 Steppdecke, besser 1 dickes Federbett, Triangel, Trommel, Schlafanzüge oder Nachthemden für Herrn und Frau Holle, Staubsauger

So wird gespielt

Die Kinder stellen gemeinsam Schneebälle und Schneemänner aus Pappmaschee her (s. Zeichnung). Schreiben Sie die Eltern an oder starten Sie einen Rundruf mit der Frage nach einem alten Federkissen oder Federbett, das die „Schneeflocken" für das Frau Holle-Spiel liefert. Außerdem werden jede Menge Kissen gebraucht. Die Bettfedern können Sie auch im Bettengeschäft besorgt. Oft werden ältere Federn kostenlos abgegeben. Kleine Kissen werden an einem Ende nur locker zugenäht und mit Federn gestopft so dass die Kinder die Fäden leicht auftrennen können. Nach dem Spiel und dem Basteln sollte ein Staubsauger bereitstehen.

Wenn das Spiel beginnt, stehen die Schneemänner im Raum, die Schneebälle lagern bei der Spielleitung.

Die Eingangsgeschichte wird von einer Erzieherin vorgelesen und leitet zum Spiel über. Setzen Sie den Namen einer Erzieherin und von Kindern aus Ihrer Einrichtung ein.

Das Spiel

Eingangsgeschichte

Heute sind die Kinder schon ganz früh im Gruppenraum. Sie basteln weiter an ihren großen Schneemännern aus Pappmaschee. Frau Hansen (*Namen einsetzen*) hat gesagt: „Wenn es draußen nicht schneit, holen wir uns den Schnee eben ins Haus!"

Es macht den Kindern viel Spaß, aus Pappmaschee auch noch Schneebälle zu formen. Da kommt Ann-Marie (*Namen einsetzen*) in den Raum gestürmt.

„Gerade hat der Wetteronkel im Fernsehen gesagt, dass wir keinen Schnee zu Weihnachten kriegen", ruft sie.

„Frau Holle pennt wieder", grinst Florian (*Namen einsetzen*). „Aber ich hab eine Idee! Wir spielen noch mal unser Schneespiel vom letzten Jahr! Da hat es doch wirklich am nächsten Tag geschneit."

„Dann holt alle Kissen aus dem Bastelraum!" ruft Frau Hansen (*Namen einsetzen*).

Lena (*Namen einsetzen*) darf in diesem Jahr die Frau Holle spielen und Jan (*Namen einsetzen*) den Herrn Holle. Sie ziehen sich ihre Schlafanzüge (Nachthemden) an, decken sich zu und kuscheln sich in den Berg Kissen hinein, den die anderen Kinder aufgetürmt haben.

Die Kinder singen den Text auf die Melodie des bekannten Liedes „Schneeflöckchen Weißröckchen".

Frau Holle, Frau Holle

nach der überlieferten Melodie „Schneeflöckchen Weißröckchen“ – Text: Barbara Cratzius

Frau Holle, Frau Holle,
das ist so gemein.
Wir schauen zum Himmel,
Schauen nach oben
du lässt es nicht schnein.

Nun schüttel die Betten,
Machen entsprechende Bewegungen
schlaf weiter nicht mehr.
Schick endlich die Flocken
zu uns Kindern hierher.

Lass die Schneeflocken tanzen
Finger tanzen
auf unsere Welt.
Mach weiß alle Wiesen,
Berge, Täler und Feld.

Schneeflöckchen, Weißröckchen,
schwebt herab in der Nacht.
Wir freun uns auf den Schneemann
Auf die Schneemänner deuten
und die große Schneeballschlacht.

1. Kind (*stellt sich vor Frau Holle*):
Frau Holle, Frau Holle, das ist nicht nett,
du schnarchst in deinem Federbett. *Frau Holle macht Schnarchgeräusche*
Jetzt drehst du dich noch dreimal um,
Wälzt sich hin und her
das find ich wirklich gar zu dumm.

2. Kind: Du kriechst in die Kissen,
legst dich faul aufs Ohr. *Hände an ein Ohr legen*
Guckst nicht mal mit den Zehen
ein bisschen hervor.

3. Kind (*schlägt die Triangel*): Horch doch auf das Klingen,
so hell und so fein.
Das werden die Engel *Schaut nach oben*
in den Wolken wohl sein.

4. Kind: Frau Holle schläft weiter,
schlägt die Trommel
was macht wohl ihr Mann?
Hört nicht auf das Trommeln,
was fangen wir an?
Schaut fragend die anderen Kinder an

5. Kind (*lachend*): Wir wollen ihn kitzeln,
am Zeh und am Fuß,
Mehrere Kinder schleichen sich an
der faule Herr Holle
Heben die Bettdecke und kitzeln die Füße
endlich aufwachen muss.

Herr Holle (*schreckt hoch, gähnt und reckt sich*):
Wir haben verschlafen,
o weh – o weh!
Die Kinder, sie warten
schon lange auf Schnee.

Frau Holle, Frau Holle,
Er rüttelt Frau Holle an den Schultern
geschwind, komm geschwind!
Wir schütteln die Betten,
Beide lassen Federn aus dem Federbett tanzen
wir holen den Wind!

Alle Kinder (*tanzen und schweben mit ausgebreitet-en Armen unter den Federn hindurch*) singen weiter nach der Melodie „Schneeflöckchen Weißröckchen“:

Ihr Flocken, schwebt hernieder
zur Erde ganz sacht.
Frau Holle, lass es schneien
die ganze Nacht.

Schneeflöckchen, Weißröckchen,
die ganze Winternacht.
Und wir Kinder, wir freun uns
an der weißen Winterpracht.

Während die Kinder mit den Händen die Flocken (Federn) zusammenklauben, verteilt die Spielleitung die Schneebälle aus Pappmaschee. Damit können die Kinder auf die Schneemänner werfen. Auch Frau und Herr Holle dürfen mitmachen.

Spiel vom Tanz der Schneemänner

Rollen
Spielleitung, mindestens 3 Schneemannkinder, Frau Holle

Das brauchen wir
Weiße Tücher, Kissen und Gürtel / Stricke, Besen und 1 schwarzen Hut, 1 bunte Mütze, 1 Karotte, weiße Schminkfarbe für die Schneemannkinder, weißes Kopftuch oder Häubchen, 1 weiße Schürze und 1 Federbett für Frau Holle, Betttücher oder Fallschirm, Tische und Bänke bzw. Umzugskartons, Kopien vom Liedtext

So wird gespielt
Drei Schneemannkinder sind für die Sprechrollen vorgesehen; natürlich können sich auch mehr Kinder verkleiden und beim anschließenden Tanz mitmachen. Sie binden sich Kissen um den Bauch und tragen lange weiße Tücher. Die Gesichter können weiß geschminkt werden. Auf dem Kopf tragen sie die im Text genannten Kopfbedeckungen. Der Stock (Besen) darf nicht fehlen! Die Schneelandschaft wird aus weiß verhängten Kartons (oder Tischen und Bänken) gebaut. Frau Holle erscheint wie eine gemütliche Oma mit Häubchen und Schürze und einem großen Federbett (eventuell bekommt sie auch ein Kissen um den Bauch gebunden).

Der Tanz der Schneemänner sollte recht plump aussehen. Sie bewegen sich mit schweren Schritten, bis das Ganze nach der fröhlichen Melodie „O Tannenbaum" zum Dreivierteltakt wird und in tänzerisch-leichte Bewegungen übergeht. Bereiten Sie für die Zuschauer genügend Ausdrucke oder Fotokopien mit dem neuen Text vor.

Vielleicht finden Sie Eltern, die als „Nachtisch" für die Kinder (und die erwachsenen Zuschauer!) Schneeplätzchen (weiße Baisers) backen.

Das Spiel

Spielleitung: Endlich hat es tüchtig geschneit. Die Kinder haben vor dem Haus viele schöne dicke Schneemänner gebaut. Aber nun scheint die Sonne jeden Tag wärmer. Die Schneemänner kriegen es mit der Angst zu tun. Am liebsten würden sie in ein Land fliegen, wo es richtig schön kalt ist.

1. Schneemann: Seht mich schönen Schneemann an
mit dem weißen Rock.
Ich trag einen schwarzen Hut
und einen dicken Stock.

2. Schneemann: Seht mich kleinen Schneemann an,
ich steh vor dem Haus.
Und ich seh mit bunter Mütze
wie ein Schneezwerg aus.

3. Schneemann: Nun seht mich als dritten an
mit der Rübennase.
Wehe, wenn ein Rabe kommt
oder gar ein Hase.

1. Schneemann: Doch wenn erst der Tauwind weht,
dann macht's tropf, tropf tropf.
Auf den Rücken, auf den Bauch
und auf unsern Kopf.

2. Schneemann: Vor der Sonne hab ich Angst
und vor warmen Winden.
Wenn's uns an den Kragen geht,
müssen wir verschwinden.

3. Schneemann: O – ich möcht
am Nordpol sein,
tief in Eis und Schnee.
Da tut uns die warme Sonne
sicher nicht mehr weh.

1. Schneemann: Kommt, lasst uns ein bisschen schlafen,
träumen wir uns fort.
Und wir wachen fröhlich auf
an dem kalten Ort.

Das Licht wird gelöscht, die anderen Kinder bauen eine „Schneelandschaft" aus Kartons, Tischen Stühlen und den Betttüchern. Die Schneemänner sitzen auf weißen „Wolkenkissen", dazwischen Frau Holle.

Frau Holle: Willkommen hier im Winterland,
da wächst kein Gras, kein Baum.
Doch ihr sollt tanzen und euch freun
an eurem Wintertraum.

Die Schneemänner stehen auf, bewegen sich zunächst schwerfällig und drehen sich langsam im Kreis. An die Zuschauer wird der Text verteilt. Dann stimmt die Spielleitung die Melodie an, und die Schneemänner tanzen nach dem Dreivierteltakt. Alle können bei dem Lied mitsingen.

Wir drehen uns im Tanze

Melodie (nach „O Tannenbaum"): altes Studentenlied
Text: Barbara Cratzius

1. Wir drehen uns im Tanze,
der Weg hierher war furchtbar weit.
Wir freun uns an den Flocken
und an der kalten Winterzeit.
Wir drehen uns im Tanze,
der Weg hierher war furchtbar weit.

2. Wir werden nicht müde,
uns ist auch gar nicht mehr so heiß.
Der Wind der bläst von Norden,
schickt noch mehr Schnee und noch mehr Eis.
Wir werden nicht müde,
uns ist auch gar nicht mehr so heiß.

3. Wer will jetzt mit tanzen,
der kommt und reicht uns seine Hand.
Wir drehn uns sanft im Kreise
und fühl'n uns wohl in Grönland.
Wer will jetzt mit tanzen,
der kommt und reicht uns seine Hand.

Anschließend versammeln sich alle um den großen Tisch bei Weihnachtskräutertee und „Schneeflockenplätzchen".

Wir helfen Frau Holle

Die Kinder warten im Winter sehnlichst auf die weißen Flocken. Aber oft lässt der Schnee in den Dezembertagen auf sich warten. Darum lassen wir es in diesem Spiel in unserem Spielraum schneien.

Rollen

Mindestens 11 Kinder

Das brauchen wir

Federn, für jedes Kind 1 Kissenbezug, ausreichend Klebstifte, gelbe, orangene und schwarze Stifte, festen Karton

So wird gespielt

Die Kissenhüllen, aus denen es Federn schneien soll, werden vorbereitet: Wo Sie Federn bekommen und wie diese zu verarbeiten sind, dazu finden Sie Informationen auf S. 23. Jedes Kind erhält ein Kissen. Sie bilden einen Halbkreis, und die Sprecher treten jeweils vor. Wenn es geschneit hat, tun sich immer zwei oder drei Kinder zusammen und basteln mit Klebstift und den Federn Gänsen, Enten, Schwäne – vielleicht auch einen Schneemann. Die Vögel erhalten gelbe oder orangene Schnäbel, der Schneemann bekommt eine Karottennase und kohlschwarze Augen angemalt.

Das Spiel

1. Kind: Winter, Winter, guter Mann,
sag, wann fängst du endlich an?

2. Kind: Draußen sprießt das grüne Gras,
Regen macht die Erde nass.

3. Kind: Unsre Amsel singt ein Lied,
und die Spatzen tschilpen mit.

4. Kind: Weht der Eiswind – weh, o weh,
dann braucht unsre Erde Schnee.

5. Kind: Unterm Schnee, da ist's nicht kalt,
lieber Schnee, nun komm doch bald!

6. Kind: In dem Schnee, da woll'n wir toben,
Flocken, Flocken, tanzt von oben!

7. Kind: Rodeln woll'n wir, froh und munter,
alle Berge – schwupp – hinunter.

8. Kind: Einen Schneemann woll'n wir bauen,
lustig ist er anzuschauen!

9. Kind: Der kriegt meinen Schal und Hut,
Rübennase steht ihm gut,
Und die Kohlenaugen dran:
Schneefrau, Schneekind und der Mann!

10. Kind: Hört doch alle, alle her!
Schnee, den gibt's schon lang nicht mehr,
weil Frau Holle fest und tief
diesen Winter auch verschlief.

11. Kind: Was sollen wir denn machen?

10. Kind: Wir holen unsre Kissen her
und klopfen fest und immer mehr.
Da fliegen all die Federn her,
die Kissen werden gar nicht leer.

1. Kind: Ganz weiß ist unsre Stube dann!
Hurra! Ein Federfest fängt an!

2. Kind: Die Federn tanzen hin und her,
wir pusten, pusten immer mehr!

3. Kind: Nun fliegen sie zur Decke wieder
und schweben langsam, langsam nieder.

4. Kind: Am Schluss, da gibt's ganz tolle Sachen!
Was können wir mit Federn machen?

5. Kind: Wir kleben Gänse, Enten, Schwan
und noch viel mehr, ich fang gleich an!

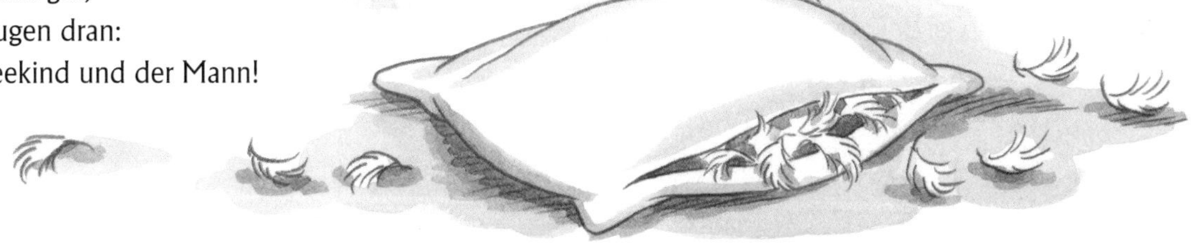

Spiel von den Kuscheltieren im Schnee

Kuscheltiere sind die liebsten Begleiter und Vertraute der Kinder. Deshalb eignet sich das Spiel sehr gut für kleinere Kinder. Hier können Lieblingsbären, Kuschelmäuse, Schmusekatzen und -hunde in das Erleben der Winterzeit mit einbezogen werden.

Rollen

Gerade Zahl von beliebig vielen jüngeren Kindern, Spielleitung

Das brauchen wir

Kuscheltiere

So wird gespielt

Die Kinder sitzen im Spielkreis und haben ihre Kuscheltiere auf dem Arm. Jeweils zwei Kinder gehen mit ihren Kuscheltieren im Kreis herum und sprechen. Das kleine Spiel kann oft wiederholt werden, wobei jeweils das entsprechende Spieltier eingesetzt wird. Bei sehr kleinen Kindern spricht die Spielleitung die Verse und variiert dabei die Namen. Die Kinder im Spielkreis agieren entsprechend mit ihren Kuscheltieren.

Das Spiel

1. Kind: Seht meinen lieben Teddy (Hasen, Hund ...) an,
was ich von dem erzählen kann.
Der hat geniest die ganze Nacht,
da bin ich sehr oft aufgewacht.

2. Kind: Auch meinem Teddy ging es schlecht – o weh,
der saß nämlich zu lang im Schnee.
Wir haben Schneemänner gebaut,
die Teddys haben zugeschaut.

1. Kind: Sie haben auf unserm Schlitten gesessen,
und leider haben wir sie dann vergessen.
Der Mond und die Sterne guckten schon raus,
da holten wir sie endlich in unser Haus.

2. Kind: Nun nehm ich den Teddy lieb in den Arm,
im Bett, da ist es kuschelig und warm.

1. Kind: Ich flüstere dem Teddy sanft in sein Ohr:
„Das kommt bestimmt nie wieder vor!"

Singspiel: Es ist kalt, so kalt, so kalt

Dieses schöne Lied bringt den Kindern die Situation der Tiere im Winter nah. Alle frieren und träumen von besseren (wärmeren) Zeiten. Aber in der letzten Zeile gibt es auch noch etwas zum Lachen!

Rollen

Mindestens 10 Kinder, Spielleitung

Das brauchen wir

Tiermasken, eventuell Karton, Buntstifte, Scheren und Gummis, Haselnüsse, Abspielgerät

So wird gespielt

Zunächst hören sich die Kinder das Lied mehrmals an. Dann malen sie Bären-, Hasen-, Mäuse-, Reh- und Entengesichter, oder es werden entsprechende Masken besorgt. Möglich sind auch gebastelte Bären- und Hasenohren, aufgemalte Schnurrhaare bei der Maus, Wildlederweste für das Reh und Entenschnäbel.
Bei der Aufführung vor Zuschauern läuft das Abspielgerät im Hintergrund und unterstützt die Kinder beim Singen. Immer mindestens zwei agieren in den einzelnen Strophen und führen die vorgeschlagenen Bewegungen aus.

Das Spiel

Nr. 19

Musik & Text: Reinhold Alexander & Ralf Kiwit

Es ist kalt, so kalt, so kalt

1. Es ist kalt, so kalt, so kalt,
da frieren selbst die Tiere im weiß
geschneiten Wald.
In seiner Höhle friert sogar der Bär
und träumt von Honigbienen,
die liebt der Bär so sehr.
Und träumt von Honigbienen,
die liebt der Bär so sehr.
Bär liegt und schnauft beim Schlafen, ein zweites Kind fliegt mit dem Zeigefinger um seinen Kopf und summt

2. Es ist kalt, so kalt, so kalt,
da frieren selbst die Tiere im weiß
geschneiten Wald.
Die Hasen nehmen sich in ihren Arm
und reiben sich die Näslein und ihre Ohren warm.
Und reiben sich die Näslein und ihre Ohren warm.
Zwei Kinder hocken auf dem Boden, umarmen sich und reiben sich gegenseitig Ohren und Nasen

3. Es ist kalt, so kalt, so kalt,
da frieren selbst die Tiere im weiß
geschneiten Wald.
Die Mäuse bauen sich ein warmes Nest
und träumen dort von Nüssen zum Mäuseweih-
nachtsfest.
Und träumen dort von Nüssen zum Mäuseweih-
nachtsfest.
Zwei Mäuse schlafen aneinandergekuschelt, ein Kind rollt Haselnüsse zu ihnen hin

4. Es ist kalt, so kalt, so kalt,
da frieren selbst die Tiere im weiß
geschneiten Wald.
Die Rehe staksen durch den tiefen Schnee,
sie träumen von dem Frühling, von Gras und fri-
schem Klee.
Sie träumen von dem Frühling, von Gras und fri-
schem Klee.
Kinder hebendie Beine sehr hoch und setzen sie vorsichtig auf

5. Es ist kalt, so kalt, so kalt,
da frieren selbst die Tiere im weiß
geschneiten Wald.
Doch freun sich über dieses kalte Weiß:
die Enten laufen Schlittschuh auf blitzeblankem Eis.
Die Enten laufen Schlittschuh auf blitzeblankem Eis.
Mit den Beinen und Füßen Bewegungen wie beim Schlittschuhlaufen machen

Die Gäste am Vogelhaus – Reimspiel und Rezept

Im Winter macht es schon kleinen Kindern große Freude zu beobachten, wie Vögel zum Futterring oder ins Futterhäuschen fliegen und sich ihr Futter holen. Beim Vogelring können die Kinder natürlich nur mithelfen. Während der Produktion oder danach bieten Sie ein kleines Reimspiel an. An einem „Meisenring", wie wir ihn unten vorstellen, picken übrigens nicht nur die Meisen. Die Kinder werden sicher auch Spatzen beim Fressen beobachten können. Wir haben auch schon Dompfaffen, Goldhähnchen und einmal sogar eine hungrige Krähe beobachtet.

Das brauchen wir für einen Vogelring

Rindertalg, Kerne (z. B. Sonnenblumen- oder Apfelkerne), Pfanne, Blech, Dosendeckel, Schöpflöffel, Hammer, Nagel, Schnur, Zeitungspapier

So wird der Futterring gemacht

Das Fett erhitzen, die Kerne unter Rühren hineinstreuen. Ein Blech mit mehreren Lagen Zeitungspapier auslegen, Dosendeckel drauflegen, vorsichtig die flüssige Masse hineinschöpfen.

Nach dem Erstarren mit dem Nagel ein Loch in den Deckel schlagen, feste Schnur durchziehen, aufhängen.

Das Spiel

Ein Reimspiel kann die „Vogelfutterschau" begleiten:

In unserm kleinen Vogelhaus,
da gehen die Gäste ein und *aus*.

Seht ihr die Amseln hungrig hocken,
sie mögen Beeren und Hafer- *flocken*.

Wer zwitschert am Zaune dort ganz leise?
Nüsse und Samen, die liebt die *Meise*.

Rosinen, Nüsse und Sonnenblumenkerne,
die haben unsere Dompfaffen *gerne*.

Und alles holen sich die Spatzen,
sie flattern und picken und tschilpen und
schwatzen.

Kommt her, ihr Vögel am Vogelhaus,
ich streu euch am Fenster noch Futter *hinaus*.

Von Nikolaus, Wichteln und Winterwald

Mit dem heiligen Nikolaus verbinden sich ganz unterschiedliche Geschichten und Bräuche. Aber einig sind sich die Christen in allen Gegenden: „Niklaus ist ein guter Mann", ein Geschenkebringer, ein gütiger Wohltäter. So soll auch das historische Vorbild gewirkt haben, ein Bischof aus Kleinasien (der heutigen Türkei). Oft tritt er am 6. Dezember gemeinsam mit „Knecht Ruprecht" auf, einem eher finsteren Gesellen, der im vorchristlichen Glauben den harten Winter darstellte. Und bereits im Mittelalter gab es den Brauch, dass Kindern kleine Geschenke in die Schuhe gesteckt wurden.

In mancher Überlieferung hat St. Nikolaus eine Schar kleiner Wichtel, die ihm beim Herstellen der Geschenke helfen. Und meistens kommt der Heilige aus dem verschneiten Winterwald – mal auf einem Esel, mal zu Fuß oder auch mit dem von Rentieren gezogenen Schlitten.

In der Vorweihnachtszeit bedeutet der 6. Dezember einen ersten Höhepunkt, den wir mit den Kindern vorbereiten können. Vor allem die Jüngeren werden mit großer Begeisterung ein kleines Tischtheater vorbereiten, ein Spiellied aufführen – oder auch einfach einen kurzen Vers aufsagen.

Zwei kleine Verse für die Nikolausfeier

Für Nikolausfeiern werden immer wieder kurze Texte gebraucht, die Jüngere schon bewältigen können. Solche Verse können mit einem weihnachtlichen Lied eingeleitet werden, zum Beispiel „Wir sagen euch an den lieben Advent“ (→ S. 15), „O Tannenbaum“ (→ S. 18) oder „Wer hat dem Nikolaus die Stiefel geklaut?“ (→ S. 45).

Nikolaus, du guter Mann

Nikolaus, du guter Mann
Ich bitt, halt deinen Esel an!
Komm doch zu uns, wir warten sehr!
Oh – dein Sack, der ist so schwer!
Lass den Esel draußen stehn,
aber den Sack, den möchten wir sehn!
Wir zünden alle Kerzen an!
Sankt Niklaus, komm, du guter Mann!

*

Nein, ich kann heut Nacht nicht schlafen

Nein, ich kann heut Nacht nicht schlafen!
Ich warte auf den Nikolaus!
Kommt der wirklich nur zu braven
Kindern in das Haus?
Vor der Tür stehn meine Schuhe,
sei so nett und mach sie voll!
Dann geb ich bestimmt bald Ruhe
und bedanke mich ganz toll!

Tischtheater von der Backstube der Weihnachtswichtel

Die Kinder haben schon viel von den guten Taten des Heiligen Nikolaus gehört. In diesem Spiel werden auch die Tiere in die Fürsorge des gütigen Nothelfers einbezogen. Als Figuren treten selbstgebastelte Tiere und Fingerpuppen auf.

Rollen

Erzähler, 2 Hände für Nikolaus und Wichtelfiguren, 6 Kinder, die die Tierfiguren führen

Das brauchen wir

1 Tisch, Knetmasse oder Pappmaschee (→ S. 23), 4 grüne Filzhütchen für die Wichtel, 1 rotes Filzhütchen für den Nikolaus, 1 Pfefferkuchenhaus, Streichholzschachteln, kleine Plätzchen, Vogelfutter

So wird gespielt

Die Masse aus Pappmaschee wird vorbereitet (→ S. 23), dann formen die Kinder die Tiere und basteln die Hütchen für die Finger. In der Mitte steht das Wichtelhaus (aus Pfefferkuchen). Zusätzlich werden kleine „Wichteltische" aus Streichholzschachteln aufgebaut. Darauf liegen die kleinen Plätzchen oder Lebkuchenstücke. 1 Kind oder Erwachsener spielt mit seinen Fingern Wichtel und Nikolaus. Die kleinen Tierfiguren werden im Lauf der Handlung von den Kindern bewegt. Während der Erzähler die Geschichte vorliest, nähern sich die Tiere den Leckerbissen. Dabei setzen die Kinder ihre Tierfigur auf ein Plätzchen, umschließen es mit der ganzen Hand und tragen es mit dem Tier fort. Das ist eine schöne Geschicklichkeitsübung für die Allerkleinsten. Es kann aber auch die linke Hand zur Hilfe genommen werden.

Danach streuen wir Vogelfutter auf den Tisch. Später wird damit das Futterhäuschen gefüllt, oder wir streuen die Körner und Kekse auf das Fensterbrett und beobachten, wie die Vögel herbeifliegen und eifrig picken.

Das Spiel

Erzähler: Hört her, ich will euch berichten
von Wichteln und dem Nikolaus.
Im Häuschen hinter sieben Bergen,
da geht das Herdfeuer nicht aus.

Die Weihnachtswichtel holen flink
Mehl und Zucker und Zimt herbei,
die Mandeln, Nüsse und Rosinen.
Der Wichtel Hansi schlägt das Ei.

Da wird geknetet und gerührt.
Nun schnuppert doch mal in der Luft!
Das riecht nach Honig und Vanille,
ja wirklich, das ist Weihnachtsduft!

Und im verschneiten Winterwald,
da piept die allerkleinste Maus:
„Mir nach – ich hab's zuerst gerochen,
es tut sich was im Wichtelhaus."

Der Eichelhäher keckert laut:
„Hört her, ich weiß ja längst Bescheid!
Komm mit, wer heute Hunger hat,
zum Niklaushaus ist es nicht weit!"

Ihr Vögel fliegt nur rasch herbei.
Ihr Igel, Hamster aufgewacht!
Ihr Eichhörnchen und grauen Mäuse,
verschlaft doch nicht die Winternacht!

Versteckt euch hinterm Wichtelhaus,
Die Kinder setzen ihre Tierfiguren
hinter das Wichtelhaus
dass keiner euch dabei erwischt!
Denn bald geht hier das Schmausen los,.
passt auf, es wird schon aufgetischt!

Der Niklaus ruft den Wichteln zu:
„Nun zieht das Blech heraus!
Die Kekse werden abgekühlt
hier draußen vor dem Wichtelhaus!"
Finger mit Nikolausmütze wackelt

Da trippeln Wichtel hin und her,
die Kekse sind noch heiß und frisch.
Bald liegen sie in langer Reih
und duften süß auf jedem Tisch.
Die Wichtel (Finger) verteilen die Plätzchen auf den „Tischchen"

„Los", ruft der gute Nikolaus,
„Kommt schnell ins Wichtelhaus hinein!
Passt auf, dass nicht ein Keks verbrennt,
das nächste Blech wird fertig sein!"

Der Eichelhäher schnarrt: „Geschwind!
Kommt schnell, die Bahn ist endlich frei!"
Da geht ein großes Schmausen los,
und auch der Bär tappt noch herbei.

Und hui – schon sind sie alle fort!
Die Tische sind ganz leergeräumt!
Der Wichtel Hansi schaut hinaus:
„Nanu, was ist? Hab ich geträumt?"
Ein Wichtelfinger krümmt und streckt sich

„Da sind ja Spuren tief im Schnee!"
so ruft der alte Nikolaus.
„Das waren Tiere aus dem Wald,
es hungern Igel, Vogel, Maus!"
Nikolausfinger beugt sich zum Tisch

Ihr lieben Wichtel, kommt herbei!
Holt Körner, Nüsse, Kohl geschwind!
Und deckt den Tieren reich den Tisch
in Schnee und Eis und Winterwind!

Soll keiner bei uns hungrig sein!
Auch wir streun heute Futter raus
für Amseln, Meisen, Spatz und Fink
wie Wichtel hier im Wichtelhaus!

Im Winterwald – Ein Spiel für Finger- oder Stabpuppentheater

Rollen

1 Erzähler und 2 Hände fürs Fingerspiel; größere Kinder können beim Stabtheater jeweils zwei Figuren bewegen, also werden 2 Kinder für die Tiere und 1 Kind für den Nikolaus benötigt

Das brauchen wir

Fingerpuppen für Vogel, Igel, Maus, Hase. Beim Stabpuppentheater werden die Figuren aus Pappe geschnitten und an lange Holzstäbe geklebt

So wird gespielt

Die 4 Tierfingerpuppen agieren auf der rechten Hand, der Nikolaus auf dem Zeigefinger der linken Hand. Den Text spricht ein Erzähler, der vor kleineren Kindern auch selbst agiert.

Größere Kinder können mit verteilten Rollen die Texte selbst aufsagen und als Stabtheater jeweils die Figuren an den langen Holzstäben hin- und herbewegen.

Das Spiel

Vogel: Hört, ihr Tiere, die Ohren gespitzt,
ich hab was gesehen, das leuchtet und blitzt.
Der jeweilige Finger mit der entsprechenden Puppe bewegt sich rhythmisch zum Text

Igel: Ich bin aus dem Winterschlaf aufgewacht,
oh, wie das duftet in dunkler Nacht!

Maus: So schaut – ein Schlitten auf silbernen Kufen,
und ein weißes Pferd mit stampfenden Hufen!

Hase: Es riecht nach Salat, so würzig und gut,
doch Vorsicht, Vorsicht, seid auf der Hut!
Ich kenne die Männer, die schießen: bum, bum,
oh weh, da fiel mancher Hase um!

Maus: Nein, nein, das ist kein Jägersmann,
hat keinen Hut mit'ner Feder dran!
Hat keine Flinte und kein Gewehr,
doch Säcke hat er – groß und schwer!

Hase: Nach Möhren riecht es,

Maus: nach Mandelkern!

Igel: Nach Äpfeln!

Vogel: Nach Körnern, die picken wir Vögel gern!

Maus: Macht Platz, ihr Tiere, groß und klein!
Der Nikolaus zieht heut bei uns ein!

Nikolaus: Bleib stehn, mein Schimmelchen, mach doch Halt!
Wir sind am Ziel im Winterwald!
Die Säcke stell ich in den Schnee
mit Heu und Hafer für Hirsch und Reh!
Salat und Möhren für Igel und Hasen
und Speck für die spitzen Mäusenasen!
Ihr Meisen und Finken mit zartem Gefieder,
bald singt ihr im Frühling hell eure Lieder!

Alle Tiere: Wir danken dir, du lieber Mann,
die gute Zeit fängt für uns an!

Nikolaus: Der kalte Winter, der tut weh,
nun fresst euch satt in Eis und Schnee.
Doch ich muss weiter, in jedem Haus,
da warten die Kinder auf den Nikolaus.
Ich komme wieder – das ist klar –
zur Winterzeit im nächsten Jahr!
Bis dahin lasst es euch gut gehn,
auf Wiedersehn – auf Wiedersehn!

Die Hand mit der Nikolauspuppe winkt, die Finger mit den Tierpüppchen zappeln

Kreisspiel: Wenn der Nikolaus kommt

Der Besuch des St. Nikolaus wird in der Adventszeit in vielen Kindergruppen mit Spannung erwartet. In dem folgenden Spiel bekommen die Kinder etwas geschenkt, geben dem heiligen Mann aber auch wieder etwas für andere mit.

Rollen

6 Kinder ab 2 Jahren, Nikolaus

Das brauchen wir

verschiedene selbstgebastelte Geschenke (Papiersterne, vergoldete Nüsse, verzierte Kerzen etc.), Triangel oder Glöckchen, Tamburin

Das Spiel

Nikolaus: Ich grüße euch alle in diesem Haus,
nun bin ich da – Sankt Nikolaus.
Ich komme zu euch in der dunklen Zeit,
macht euer Herz für die Christnacht bereit.
Die frohe Zeit, sie bricht nun an,
ich zeig euch, wie man teilen und helfen kann.
Ich bring meine Gaben in euer Haus
und leere den großen Sack für euch aus.

Der Nikolaus verteilt die Geschenke

Alle Kinder: Nikolaus, Nikolaus,
komm zu uns herein!
Du teilst uns deine Gaben aus,
alle woll'n wir fröhlich sein.

1. Kind: Nikolaus, lieber Nikolaus,
bring diese Gaben ins Nachbarhaus.
Wenn der Nikolaus seine Gaben verteilt hat, können die Kinder ihre kleinen Geschenke bringen

2. Kind: Nikolaus, lieber Nikolaus,
hörst du unser Glöckchen klingen?
Glöckchen oder Triangel
Diese Geschenke sollst du andern Kindern bringen.

3. Kind: Nikolaus, wir danken dir,
ich bringe dieses Sternchen hier.

4. Kind: Nikolaus, wir danken dir,
ich bring dir noch mein Apfelmännchen hier.

5. Kind: Hörst du meine Trommel schallen,
schlägt das Tamburin
Nüsse und Äpfel, die bringst du uns allen.

6. Kind: Nikolaus, dein Sack war leer,
jetzt ist er für andere wieder schwer!
Kinder reichen weitere gebastelte Geschenke

Die Kinder winken dem Nikolaus nach, als er langsam und würdevoll den Raum verlässt.

Spiellied: Wer hat dem Nikolaus die Stiefel geraubt?

Rollen

Nikolaus, Eichhörnchen, Uhu, Dachs, Maus

Das brauchen wir

Bettdecke, Bart zum Umhängen, lange Unterhose (weiße Strumpfhose), Nachthemd, Tiermasken, Hausschuhe, Stiefel, CD-Player und CD „Wir freuen uns noch mehr"

So wird gespielt

Wir brauchen außer einem Bart für den Nikolaus und eventuell Tiermasken keine Requisiten. Von draußen hört man ein Rumpeln und Krachen. Der Nikolaus kriecht unter seiner Bettdecke hervor und schaut aus dem „Fenster". Zum Refrain der ersten vier Strophen schüttelt er jeweils den Kopf und schaut bekümmert. Er zieht seine Hausschuhe an und läuft umher. Entsprechend dem Text treten die Tiere auf. Während der 4. Strophe schlingt der Nikolaus die Arme um den Körper, stampft mit den Füßen auf der Erde und klappert mit den Zähnen. In der letzten Strophe zieht ein Kind mit Mausmaske mühsam die großen, glänzend geputzten Stiefel hinter sich her. Nikolaus und Maus fassen sich an den Händen und tanzen zum Refrain im Kreis.

Das Spiel

Musik & Text: Reinhold Alexander, Ralf Kiwit – Nr. 5

Wer hat dem Nikolaus die Stiefel geraubt?

1. Der Nikolaus wird plötzlich wach,
Na, was ist das da für ein Krach?
Es dröhnt und rumpelt vor dem Haus,
der Nikolaus schaut brummend raus.
Kein Mensch zu sehn und auch kein Tier,
na, sicher knarrte nur die Tür.
Schnell die Stiefel an, doch was ist das?
Der Nikolaus wird plötzlich blass:

Refrain:
Keine Stiefel hier, ach, das ist gemein,
keine Spur vom Dieb, na, wer kann das sein?
wer hätte das zu Weihnachten gedacht,
dass jemand so was Übles macht.

2. Der Nikolaus zieht Schlappen an
und friert, wie man sich denken kann.
Das Eichhorn fragt er ganz direkt:
„Hast du dir das so ausgeheckt?"
Das Eichhorn wird von Angst erfasst,
es fällt vor Schreck fast von dem Ast.
Dann ruft es laut:„Ich war es nicht!
Bin unschuldig, bin unschuldig!"

Refrain

3. Und grollend ruft der Nikolaus
den Uhu aus der Höhle raus,
der freche Dachs will seine Ruh –
knallt seine Tür gleich wieder zu.
Und niemand hat den Dieb gesehn.
Und niemand will die Tat gestehn.
Nun wird der Niklaus ärgerlich
und ruft: „Ich find es fürchterlich!"

Refrain

4. Vom Grollen bebt die Erde bald,
erschüttert wird der ganze Wald,
von hier nach da und auch zurück
läuft Nikolaus, doch ohne Glück.
Fast eingefror'n und eingeschneit
sucht er noch eine lange Zeit.
Kalt wie Eis geht er nach Haus,
das Weihnachtsfest fällt diesmal aus! (denn) …

Refrain

5. Da raschelt es im Stubeneck,
die Maus erscheint aus dem Versteck.
Sie hatte diese Chance genutzt
und rasch die Stiefel frisch geputzt.
Jetzt sind sie sauber, fein und rein,
so soll's zum Weihnachtsfest auch sein.
Der Niklaus jedoch lacht und lacht:
„Mäuslein, das hast du gut gemacht!"

Refrain
Endlich Stiefel hier, schlüpf rein, schlüpf rein,
es gab gar keinen Dieb, das ist doch fein!
Keiner hätte auch zu Weihnachten gedacht,
dass jemand so was Übles macht.

An der Krippe

Schon bei den Urchristen gab es Darstellungen von der Geburt des Jesukindes. Sie wurden im Laufe der Zeit immer weiter ausgeschmückt und volksnäher gestaltet. Die heute bekannte Form der Krippendarstellung soll auf Franz v. Assisi zurückgehen, der 1223 in der Nähe seines Klosters in einer Höhle seine Weihnachtspredigt halten wollte und dafür eine Szene arrangierte, bei der ein Kind auf Stroh gebettet wurde und neben ihm ein Ochse und ein Esel standen. Die Themen des Weihnachtsevangeliums wie Erscheinung und Verkündigung des Engels, die Herbergssuche, die Engel auf dem Hirtenfeld, Herodes und die Weisen aus dem Morgenland wurden bald auch in Spielen dargestellt.

War die Vermittlung der Weihnachtsgeschichte zunächst auf die Kirche beschränkt, so verbreiteteten sich im 16. Jahrhundert so genannte Familienkrippen, zuerst in Italien, ein Jahrhundert später auch in Deutschland. Heute gibt es kaum eine Kirchengemeinde, in der nicht in der Adventszeit ein Krippenspiel eingeübt wird, das oft in besonderer Weise mit der jeweiligen Örtlichkeit verbunden ist. Und in den vielen Haushalten gehört es zur guten Tradition, vor Weihnachten die Krippenfiguren und den Stall von Bethlehem aufzustellen.

Fingerspiel von der Herbergssuche

Für die Jüngsten kann dieser Text als Fingerspiel vorgeführt werden.
Ältere Kinder können den Text als Rollenspiel aufführen,.

Rollen

2 Hände fürs Fingerspiel; Erzähler, Maria und Josef sowie 3 Wirtsleute beim Rollenspiel

Das brauchen wir

Beim Rollenspiel Hut für Josef, dunkles Kleid und Schultertuch für Maria, Schürzen und Laterne für die Wirtsleute; Glockenspiel

So wird gespielt

Die Jüngsten stehen im Kreis und machen die Bewegungen wie beschrieben. Ältere sprechen mit verteilten Rollen, die erzählenden Textpassagen werden vom Erzähler gesprochen.

Das Spiel

Erzähler: Huhu, der Wind, der weht so kalt,
zwei Menschen ziehn durch den Winterwald.
Ganz müde gehen sie mit langsamem Schritt,
hoch oben am Himmel, der Stern, er zieht mit.
Die Kinder blasen in die hohlen Hände. Zeigefinger und Mittelfinger der linken Hand bewegen sich langsam vorwärts. Die rechte Hand steht als Stern mit ausgestreckten Fingern über ihnen.

Sie bleiben stehn vor einer Tür,
fragt der Wirt: „Was wollt ihr hier?"
Die Finger der rechten Hand (außer dem Zeigefinger) formen eine Tür (oder ein Fenster). Der Zeigefinger schaut aus dem Fenster (wird durch das Rechteck gesteckt).

Maria und Josef: „Ach bitte, bitte lasst uns ein,
es ist so kalt, es fängt an zu schnein."
Die Zeigefinger und Mittelfinger bewegen sich bittend auf und nieder. Das Glockenspiel ahmt akustisch die fallenden Schneeflocken nach.

Erster Wirt:
„Kein Bett im Haus ist frei mehr heut,
zieht weiter, arme Wandersleut!"
Die rechte Hand bewegt sich verneinend hin und her.

Erzähler: Nun müssen die beiden weitergehn,
dort vor dem Haus, da bleiben sie stehn.
Zeige- und Mittelfinger der linken Hand bewegen sich vorwärts.

Maria und Josef:
„Ach bitte, bitte, lasst uns ein,
es ist so kalt, es fängt an zu schnein."
Glockenspiel

Zweiter Wirt:
„Kein Bett im Haus ist frei mehr heut,
zieht weiter, arme Wandersleut!"
Der Zeigefinger der rechten Hand bewegt sich verneinend hin und her.

Erzähler: Nun müssen die beiden weitergehn,
dort vor dem Haus, da bleiben sie stehn.
Zeige- und Mittelfinger der linken Hand bewegen sich vorwärts.

Dritter Wirt:
„Kein Bett im Haus ist frei mehr heut,
doch hab ich den Stall für euch arme Leut.
So geht bei den Tannen den Berg hinauf,
Der Zeigefinger zeigt den Weg
da hört ihr schon der Tiere Geschnauf.
Ein Ochs und ein Esel stehen dabei,
ihr findet viel Stroh und weiches Heu."

Maria und Josef:
„Vielen Dank auch, lieber Mann,
zum Stall ich Maria führen kann.
Zur Krippe wir gehen mit freudigem Schritt,
und oben der Stern, er zieht immer mit."

Maria:
„Bald liegt unser Kind auf Heu und auf Stroh,
da sind alle Menschen auf Erden froh."

Gemeinsames Schlusslied, zum Beispiel „Was soll das bedeuten" (→ S. 58)

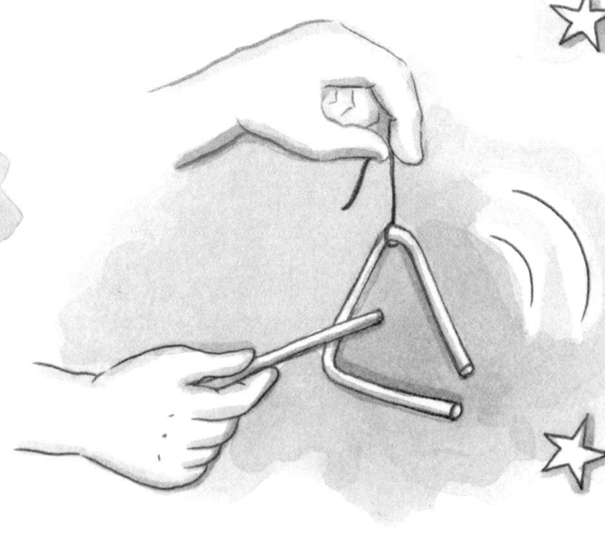

Kreisspiel von der Heiligen Nacht

Ein ohne Aufwand umzusetzendes Spiel, das die Geschichte von der Herbergssuche leicht variiert.

Rollen

1 Sprecher, 2 Wirtsleute, 1 Bauer, Maria und Josef

Das brauchen wir

Für die Zuschauer Fotokopien des Weihnachtsliedes zum Mitsingen

So wird gespielt

Die Kinder sitzen in der Runde, der Sprecher steht im Kreis, die beiden Wirtsleute befinden sich außerhalb, Maria und Josef innerhalb des Kreises.

Das Spiel

Sprecher: Wir wollen erzählen
von der Heiligen Nacht,
in der Maria uns das Christkind gebracht.
Maria und Josef ziehen langsam im Kreis herum und bleiben dann vor den Wirtsleuten stehen.

Maria: Kalt ist die Nacht unterm Sternenschein,
lang ist der Weg über Sand und Stein.

Josef: Vielleicht wird die warme Decke dir nützen
und dich vor dem eisigen Winde schützen.

Maria: Ich seh dort im Tal schon Häuser liegen,
ob wir wohl ein warmes Zimmer kriegen?

Josef: Herr Wirt, Herr Wirt, so öffnet die Tür,
zwei arme Menschen stehen hier.

1. Wirt: *(böse)* Das habt ihr euch wohl so gedacht,
ich hab kein Bett frei heute Nacht.

Maria und Josef ziehen weiter.

Josef: Ich seh da drüben Lichterschein,
vielleicht lässt man uns dort hinein.

Die Beiden bleiben stehen.

2. Wirt: Ihr armen Leute, ihr tut mir so Leid,
so viele Menschen kommen von weit.
Ich kenne keinen in der Stadt,
der heut ein freies Bett noch hat.

Maria: O Josef, was wird uns geschehn,
ich kann ja kaum noch weitergehn.

Bauer: *(steht aus dem Kreis auf)* Hört her, ich bin ein armer Mann,
der euch kein Haus anbieten kann.
Seht ihr den alten Stall am Hang?
Geht drüben bei den Bäumen entlang.
Ihr findet Stroh und frisches Heu
und Ochs und Esel stehn dabei.

Maria: O lieber Mann, du bist so gut,
nun fass ich wieder frohen Mut.
Komm Josef, lass uns zum Stalle gehn,
heut Nacht wird ein großes Wunder geschehn.

Josef: Hoch überm Stall steht still der Stern,
wir danken unserm Gott und Herrn.

Sprecher: So ist es geschehn in der Heiligen Nacht.
Maria hat uns das Christkind gebracht.
Freut euch und singt, so gut jeder kann.
Für alle fängt nun Weihnachten an.

Gemeinsames Lied, z. B. „Was soll das bedeuten?"
(→ S. 58)

Die Tiere an der Krippe – Ein Spiel für viele Kinder

In diesem kurzen Spiel ohne Requisiten treten viel mehr und andere Tiere auf, als wir sie gewöhnlich von den Krippenspielen kennen.

Rollen

1 Erzähler, Maria und Josef, 12 Tiere

Das brauchen wir

Krippe

So wird gespielt

Dieses Spiel kann von Kindergarten- und von Schulkindern gespielt werden. Die Aufführung sollte möglichst nicht zur unverbindlich-heiteren Zoomenagerie ausarten. Bei aller fröhlichen Spielfreude sollte doch deutlich werden, dass die ganze Schöpfung, die wilden und die zahmen Tiere, in das Loblied auf den Schöpfer und die große Weihnachtsfreude aller Geschöpfe Gottes mit einstimmen.

Maria und Josef sitzen vor der Krippe. Die Tiere versammeln sich nach und nach um die Krippe.

Bei jüngeren Kindern kann der Spielleiter die Strophen vorlesen, und die Kinder vollführen pantomimisch die typischen Bewegungen.

Das Spiel

Erzähler: Hoch über dem Stall
steht der Weihnachtstern.
Helle goldne Strahlen
leuchten nah und fern.
Und die vielen Tiere
aus der ganzen Welt
laufen hin zur Krippe
über Sand und Feld.

Bär: Aus dem Wald der Brummbär
ruft von fern: Brumm, brumm.
Tappt auf leisen Pfoten,
dreht sich froh herum.
Tappst schwerfällig herein und brummt

Strauß: Weit daher aus Afrika
durch den heißen Sand
kommt mit offnem Schnabel
Vogel Strauß gerannt.
Arme wie Flügel abspreizen, mit raumgreifenden Schritten rennen

Affe: Lustig kreischt das Äffchen
auf dem hohen Baum.
Still – du störst das Kindlein,
sieh – es liegt im Traum!
Kommt mit typischen Bewegungen hereingehüpft

Giraffe: Die Giraffe Langhals
bleibt vorm Stalle stehn.
Kann durchs Loch im Dache
auch die Krippe sehn.
Ein Kind sitzt auf den Schultern eines anderen und streckt den Hals hoch

Löwe: Und der wilde Löwe
zieht die Krallen ein.
Er will an der Krippe
still und friedlich sein.
Brüllt einmal und hebt die Tatzen

Elefant: Mit den schweren Beinen
stampft der Elefant,
Kommt von weit gezogen
durch den heißen Sand.
Elefantenrüssel mit den Armen bilden

Känguru: Seht – ich kann weit hopsen,
bin das Känguru.
Trag mein Kind im Beutel,
macht die Tür nicht zu!
Oberarme am Körper, Unterarme nach vorn, hopsen

Pinguin: Pinguin vom Südpol
watschelt schnell herbei.
Lustig wippt sein Schwänzlein,
Kind, du lachst dabei.
Arme an den Körper legen, Hände nach hinten, watscheln

Krokodil: Wer darf wohl nicht fehlen
weit vom blauen Nil,
mit den spitzen Zähnen?
Das große Krokodil.
Mit Armen Krokodilmaul bilden, auf- und zuklappen

Tiger: Auch der graue Tiger
schleicht ganz zahm daher,
hat so sanfte Augen,
faucht und kratzt nicht mehr.
Auf allen Vieren kommen, laut schnurren

Schlange: Seht – die gift'ge Schlange
schlängelt sanft herbei,
steckt die lange Zunge weg,
kriecht hinein ins Heu.
Mit den Armen Schlängelbewegungen machen

Zebra: Zebra, das hat Streifen,
schwarze, weiße, seht!
Ruft in raschem Laufe:
Komm ich nicht zu spät?
Hereingaloppieren und rufen

Schildkröte: Schildkröte, die alte
kriecht nun auch herein.
Vor dir soll mein Panzer
nicht verschlossen sein.
Ganz langsam auf allen Vieren hereinkriechen

Maria: All ihr lieben Tiere,
fürchtet euch doch nicht!
Kommt zum Jesuskindlein
an die Krippe dicht!

Josef: Ihr dürft näher kommen,
bleibt doch, seid so gut.
Schaut, wie in der Krippe
unser Kindlein ruht.

Maria: Scharrt mit euren Hufen,
stampft und schreit von fern.
Über all den Stimmen
glänzt der Weihnachtsstern.

Josef: Tiere, ihr dürft bleiben,
keiner schickt euch fort.
Steht nah an der Krippe,
traut nur unserm Wort.

Maria: Dieses Kind will Bruder
für Mensch und Tiere sein
Kommt doch her zum Stalle,
kehret bei ihm ein!

Alle (oder nur Erzähler): Alle unsre Tiere
zogen heut herbei,
wollten auch zur Krippe,
zum Jesuskind im Heu.

Alle unsre Tiere
folgten auch dem Stern.
Und die hellen Strahlen
führten sie von fern.

Alle unsre Tiere
war'n heut mit uns da,
wo im kleinen Bethlehem
ein Wunder einst geschah.

Spiellied: Was soll das bedeuten?

Dieses bekannte Hirtenlied ist als Reigentanz angelegt. Entsprechend einfach sollte auch die Umsetzung sein.

Rollen

Alle Kinder sind Hirten

Das brauchen wir

Jungen einfache Hüte, Mädchen einfache Röcke; CD-Player und CD „Wir freuen uns noch mehr"

So wird gespielt

Zuerst wird das Lied mehrmals vorgespielt. Die Erzieherin erklärt die heute nicht mehr gebräuchlichen Wörter. Dann fassen sich die Kinder an den Händen und tanzen nach der Melodie im Kreis. Ältere können den Text schon bald mitsingen.

Das Spiel

Trad. Reigentanz – ⊙ Nr. 10

Was soll das bedeuten

1.
Was soll das bedeuten, es taget ja schon,
ich weiß wohl, es geht erst um Mitternacht rum.
Schaut nur daher, schaut nur daher,
wie glänzen die Sternlein, je länger, je mehr.

2.
Treibt zusammen, treibt zusammen, die Schäflein fürbass,
treibt zusammen, treibt zusammen, dort zeig ich euch was.
Dort in dem Stall, dort in dem Stall,
werdet Wunderding sehen, treibt zusammen einmal.

3.
Ich hab´ nur ein wenig von weitem geguckt,
da hat mir mein Herz schon vor Freuden gehupft:
Ein schönes Kind, ein schönes Kind,
liegt dort in der Krippe bei Esel und Rind.

4.
Ein herziger Vater, der steht auch dabei,
ein wunderschön Jungfrau kniet auch auf dem Heu.
Um und um singt´s, um und um klingt´s.
Man sieht ja kein Lichtlein, so um und um brinnt´s.

5.
Das Kindlein, das zittert vor Kälte und Frost,
ich dacht mir, wer hat es denn also verstoßt,
dass man auch heut, dass man auch heut,
ihm sonst keine andere Herberg anbeut?

6.
So gehet und nehmet ein Lämmlein von Gras
und bringet dem schönen Christkindlein was!
Geht nur fein sacht, geht nur fein sacht,
auf dass ihr dem Kindlein kein Unruh nicht macht!

Von den Engeln in der Weihnachtszeit

Steht auch dir zur Seite, schützt auch dich und mich", heißt es in dem alten Lied. Oft haben auch Menschen, die sonst mit der Kirche und der Religion nicht viel anzufangen wissen, das Gefühl: Da hatte ich aber einen Schutzengel.

Der Glaube an die kleinen Beschützer verbreitet sich wieder, es gibt viele reizende Kinderbücher – über Schutzengel oder auch über gar nicht so „himmlisch reine und engelhafte" Engel, die manchmal sogar frech und vorlaut sind. Da macht es den Kindern Spaß, einmal einen recht irdischen Engel zu verkörpern, der den ständigen Leichtsinn seiner Schutzbefohlenen Leid ist. Und dann gibt es in anderen Spielvorschlägen wieder die Engelschar, die das Kind in der Krippe beschützt oder Licht in die dunkle Jahreszeit bringt.

Kleines Schutzengelspiel für den Stuhlkreis

Bei diesem Spiel sollte deutlich werden, dass es gar nicht so leicht ist, ein kleiner Schutzengel zu sein.

Rollen

4 Schutzengel

Das brauchen wir

Fotokopien der Liedtexte für die Zuschauer

So wird gespielt

Die Kinder sitzen im Stuhlkreis, die Schutzengel stehen jeweils auf und untermalen pantomimisch ihr Erlebnis. Anfangs- und Schlusslied sollte von allen Kindern (und Zuschauern) mitgesungen werden.

Das Spiel

Die Erzieherin bittet alle Kinder und erwachsenen Zuschauer, die ersten drei Strophen des fotokopierten Liedes nach der Melodie „Alle Jahre wieder“ mitzusingen.

Alle Jahre wieder

(Nach der Melodie des bekannten Liedes) – Text: Barbara Cratzius

1. Alle Jahre wieder
schweben Engel sacht
zu den Kindern nieder
in der Weihnachtsnacht.

2. Viele liebe Engel
geben auf uns Acht,
stehen uns zur Seite,
halten treu die Wacht.

3 Liebe kleine Engel,
seid bloß auf der Hut,
dass euch zarten Wesen
niemand Böses tut.

1. Schutzengel: Der kleine David ist ganz wild,
fährt ohne Stützrad einfach los.
Kann noch nicht bremsen, weh o weh.
Da ist die Angst ganz riesengroß.

Im allerletzten Augenblick
zieh ich die Bremse an geschwind.
So geht das weiter Tag für Tag,
ich hab's nicht leicht mit diesem Kind …

So war es heute wieder knapp,
das Auto bremst, das war ein Schrecken!
Nun hab ich armer Engel hier
ganz viele blaue Flecken!

2. Schutzengel: Ich passe auf Johanna auf,
die zündelt gar zu gern
mit Tannennadeln, das geht toll,
versengt dabei manch goldnen Stern.

Ich puste schnell die Flammen aus,
zwei Federn sind dabei versengt.
Ihr könnt euch denken, wie mich das
ganz wütend macht und kränkt.

3. Schutzengel: Ich passe auf die Tiere auf,
die haben es oft schwer.
Im Tierheim sitzt ein Katzenkind,
das leidet gar so sehr.

Ich sag dem Philipp gleich Bescheid,
der holt das Katzenkind heraus.
Er nimmt es zärtlich in den Arm,
nun hat das Kätzchen ein Zuhaus.

Wie sieht mein Engelskleid nun aus!
Im Tierheim gibt es soviel Dreck.
Mein Kleid hat Kratzer hier und dort
und einen Riesenfleck.

4. Schutzengel: Ihr seht hier unsre Engelschar.
Wir sind nicht alle himmlisch rein,
sind auch nicht friedlich, still und sanft,
vielleicht sogar mit Heiligenschein.

Wir sind sehr irdisch, voller Kraft,
sind stets zum Schutz für euch bereit.
Und habt ihr Angst und droht Gefahr,
dann sind wir Schutzengel nicht weit.

Alle singen gemeinsam die vierte bis sechste Strophe des Liedes nach der Melodie „Alle Jahre wieder“:

4. Alle Jahre wieder
schweben Engel sacht
zu uns Kindern nieder,
halten treu die Wacht.

5. Alle Jahre wieder
wartet sicherlich
jemand hier ganz nahe
auch auf dich und mich.

6. Alle Jahre wieder
kommen Engel her.
Lasst uns ihnen helfen,
das ist doch nicht schwer.

Spiel von den Engelkindern an der Krippe

Mit wenigen Requisiten kann für dieses Spiel eine „Himmelsstube" mit zauberhafter Lichterstimmung geschaffen werden.

Rollen

Spielleitung, 1 Sternenkind, 7 Engelkinder

Das brauchen wir

Weiße Stoffstücke (z. B. aus alten Laken), Glitzersterne und/oder Lichterkette für die Decke, mehrere kuschelige Kissen (vielleicht als Spende von den Eltern?), selbstklebende Glitzersterne für die Nachthemden der Engelkinder, 1 Klemmlampe, 1 Laterne mit Sternenmotiv, 7 Pappdeckel, auf die Teelichte geklebt sind,

Vorbereitung

Bitten Sie die Eltern um viele kuschelige „Wolkenkissen". Nach dem Spiel kann dieses weiche „Himmelbett" als Kuschelecke zum Ausruhen, Träumen und Geschichtenerzählen weiter benutzt werden. Die weißen Stoffstücke werden blau eingefärbt. Auf die Nachthemden (oder auch weißen T-Shirts) der Engelkinder werden Glitzersterne geklebt. Für das Sternenkind besorgen oder basteln Sie eine Laterne mit Sternenmotiv. Mit Glitzersternen und Lichterketten kann an der Decke die Atmosphäre eines Sternenhimmels gezaubert werden. Für das Schlussbild werden Teelichte auf Pappdeckel geklebt, eins für jedes Engelkind. Als Beleuchtung reicht eine kleine Lampe neben der „Himmelsstube". Das Deckenlicht sollte ausgeschaltet werden.

So wird gespielt

Auf der Bühne liegen die Kissen unter der Lichterkette. Nach der entsprechenden Passage kommt der Zug der Engelkinder herein, das Sternenkind trägt eine Laterne mit Sternenmotiv. Anschließend setzen sich die Engelkinder auf ihre Wolkenkissen und stehen nacheinander zu ihrem Einsatz auf. Das Sternenkind stellt sich nach seinen Einleitungsworten mit der Laterne seitlich von der „Himmelsstube" auf.
Für das Schlussbild verteilt das Sternenkind die vorbereiteten Teelichte an die Engelkinder.

Das Spiel

Spielleitung: Heute wollen euch die Engelkinder erzählen, was sie im Stall von Bethlehem erlebt haben. Als Josef und Maria noch auf dem Weg nach Bethlehem waren, haben die Engelkinder den Stall geöffnet. Hört ihr, wie die alte Holztür knarrt? *(macht ein knarrendes Geräusch).* Und hört ihr, wie von den Hirtenfeldern her die Schafe blöken? *(Kinder rufen „mäh, mäh").*
Nun seht ihr, wie der helle Weihnachtsstern über den Himmel wandert. Er erfüllt den Stall mit seinem Licht, so dass die Engelkinder ans Werk gehen können.

Das Sternenkind führt den Zug der Engel mit seiner Laterne an , die Engelkinder setzen sich auf die Wolkenkissen unter den „Sternenhimmel".

Sternenkind: Als heller Stern ich am Himmel stand.
Und jeder den Weg zum Stalle fand.
Die Menschen haben mein Licht gesehn
und fragten: „Was ist da wohl geschehn?"
Ich zeigte den Engeln den Weg zum Stalle.
Bald steht die Tür weit offen für alle.
Das Sternenkind stellt sich mit seiner Laterne seitlich von der „Himmelsstube" auf.

1. Engel: Ich war als erster im Stalle da,
ich will euch erzählen, was geschah:
Am Futtertrog der Esel stand.
Der Ochs, der scharrte an der Wand.

2. Engel: Spinnweben hab ich viele gesehn.
Ich dachte: „Hier soll ein Wunder geschehn?
Ein Kind geboren in Staub und Schmutz,
ganz ohne himmlische Hilfe und Schutz?"

3. Engel: Da rief ich die Putzengel – eins, zwei, drei.
Sie kamen eilends zum Stalle herbei.
Wir schleppten die Eimer durch den Sand
und schwangen die Besen mit fleißiger Hand.

4. Engel: Wir schrubbten und fegten ohne Ruh.
Wir stopften mit Moos alle Astlöcher zu.
Und wenn sich ein frecher Käfer verkroch,
wir Engelkinder fanden ihn doch.

5. Engel: Dann liefen wir bei den Palmen entlang
und fanden die Rosenblätter am Hang.
Die Tiere schnupperten in die Luft.
Der Esel rief: „Das ist Rosenduft!"

6. Engel: So wurde der Stall geschmückt für das Kind.
Dann übten wir noch die Lieder geschwind.
Und als in der Nacht ein Wunder geschah,
da war'n auch wir Engel unsichtbar da.

7. Engel: Der Stern hat seinen Schein geschickt.
Wir haben das Kind im Stroh erblickt.
So ist im Stall das Wunder geschehn.
Und alle können zur Krippe gehn.

Das Sternenkind geht zu den Engelkindern und überreicht ihnen die vorher bereitgestellten Teelichte. Die Spielleitung zündet die Kerzen an. Das ergibt ein schönes Schlussbild in der „Himmelsstube".
Das Sternenkind mit seiner Laterne führt die Engelkinder mit den leuchtenden Kerzen zweimal im Kreis und dann durch den Mittelgang zwischen den Zuschauern hinaus.

In der Wolkenwerkstatt der Engel

Schon die Kleinsten haben Spaß daran, in andere Rollen zu schlüpfen. Sie brauchen in unserem kurzen Spiel nur ein bis zwei Zeilen zu sprechen.

Rollen

1 Oberengel (älteres Kind oder Spielleitung), 12 Engel

Das brauchen wir

Weiße Pullis für alle Engel, große Sonne auf dem Pulli des Oberengels (aufmalen oder -kleben), Glitzersterne für die Pullis der anderen Engel

So wird gespielt

Die Spielleitung kann vorher erzählen, dass viele kleine Engel hoch in den Wolken in ihrer Wolkenwerkstatt vor Weihnachten fleißig sein müssen. Sie haben so viele Kinderwünsche zu erfüllen.

Die Texte werden mit kleinen Bewegungen untermalt

Das Spiel

Die zwölf Engel laufen im Raum umher
Oberengel: Ihr kleiner Engel, kommt herbei!
In die Engelwerkstatt, eins, zwei drei!
Es gibt bis Weihnachten viel zu tun,
ihr kleinen Engel dürft nicht ruhn.
Winkt die Engel herbei, sie stellen sich in einer Reihe auf und treten für ihren Text jeweils einen Schritt vor

1 Engel: Ich säge ein Schaukelpferd heut aus.
Macht Sägebewegungen

2. Engel: Ich nähe Gardinen fürs Puppenhaus.
Mit der Nadel zwischen Daumen und Zeigefinger

3. Engel: Ich male den Nussknacker gleich an.
Führt einen Pinsel

4. Engel: Ich leim dem Kasper die Nase dran.
Fasst sich an die eigene Nase

5. Engel: Ich muss den Computer reparieren.
Macht Schraubbewegungen

6. Engel: Ich will die Schafe weiß lackieren.
Führt einen Pinsel

7. Engel: Ich bin ein geschickter Röckeschneider.
Schneidet mit einer Schere

8. Engel: Ich näh den Puppen neue Kleider.
Mit der Nadel zwischen Daumen und Zeigefinger

9. Engel: Ich kenn mich aus mit der Eisenbahn.
Kolbenbewegungen mit beiden Armen

10. Engel: Da kommen noch viele Wagen dran.
Nimmt mit den Händen imaginäre Wagen

11. Engel: Ich rühre fleißig die Pfefferkuchen,
Rühren

12. Engel: Ich muss den Teig gleich mal versuchen.
Finger in den Teig stecken und ablecken

Oberengel: So schaffen zwölf Engel, tagein und tagaus,
zu Weihnachten gibt's Überraschung zu Haus.
Bald werden sich viele Kinder freun
und danken den fleißigen Engelein.

Wenn die Engelkinder Sterne putzen

Nach einer gemeinsamen Back- und Bastelstunde im Advent können die weihnachtlichen Aktivitäten mit einem ruhigen Spiel ausklingen. Dabei brauchen die Kinder keine Texte zu lernen.

Rollen

1 Erzähler, gerade Zahl von Engel- und Sternenkindern, um Paare bilden zu können

Das brauchen wir

Weiße T-Shirts für alle, je Paar 1 Decke, Federn für die Engel, selbstgebastelte Goldsterne an Kordeln und kleine Taschenlampen für die Sternenkinder; ggf. CD-Player

So wird gespielt

Die Engelkinder haben Federn an ihre T-Shirts geklebt, die Sternenkinder hängen sich die selbstgebastelten Goldsterne an Kordeln um. Im Raum liegen ausreichend viele Decken auf dem Boden. Zunächst sitzen die Kinder im Kreis auf dem Boden und hören der Erzählung zu. Dann schweben alle (= gehen auf Zehenspitzen mit ausgebreiteten Armen) durch den Raum und suchen sich Partner. Je ein Engel- und ein Sternenkind setzen sich auf eine Decke („Wolke"). Um die Sternenkinder blank zu putzen, streichelt das Engelkind mit langsamen, einfühlsamen Bewegungen über den Körper des Sternenkindes. Auch der Kopf wird ganz sanft einbezogen. Es kann dazu leise Musik vom CD-Player erklingen.

Der Text der Engelkinder wird ebenfalls vom Erzähler vorgetragen, damit sich die Kinder ganz auf die langsamen Berührungen konzentrieren können.

Nach zehn Minuten wird der Raum langsam abgedunkelt. Die Sternenkinder stehen auf, sie recken und strecken sich und gehen langsam im Raum umher. Sie schwenken dabei kleine Taschenlampen.

Anschließend übernehmen die Kinder die jeweils andere Rolle und tauschen dafür ihre T-Shirts.

Das Spiel

Erzähler: In den Winternächten vor Weihnachten glänzen oft die Sterne ganz besonders hell.
Die Engelkinder haben dann immer mit ihren weichen Lappen die vielen Zacken der Sternenkinder besonders gründlich geputzt.
Engel Gabriel ist von Sternenkind zu Sternenkind gegangen. Er hat geprüft, ob alle Zacken genügend glänzen. Er ruft den Engelkindern zu:
Ihr Engel, ihr Engel,
so lauft nun geschwind.
Es wartet auf euch schon
ein Sternenkind.
Kommt, macht euch bereit
in dieser dunklen Zeit.
Die Sterne sollen strahlen
auf die Erde weit.

Alle Kinder schweben durch den Raum und bilden Paar.

Da stehen die Engelkinder auf. Sie schweben über die Wolkenberge und suchen sich jedes ein Sternenkind. Sie setzen sich neben ihr Sternenkind und fangen an, vorsichtig die Zacken zu putzen. Dabei hören wir sie sagen:

Erzähler trägt mit deutlicher, aber leiser Stimme die Verse vor.

Wir Engelkinder schweben
in weiter Himmelsferne.
Wir fliegen voller Eifer
und suchen viele Sterne.
Seht, wir dürfen heut nicht ruhn,
haben noch so viel zu tun.
Lasst uns Sterne putzen,
bis sie blank gerieben sind

Wir Engelkinder suchen
die schönsten Sterne aus.
Die leuchten in den Nächten
grad über eurem Haus.
Seht, wir dürfen heut nicht ruhn,
haben noch so viel zu tun.
Lasst uns Sterne putzen,
bis sie blank gerieben sind

Der Raum wird dunkel, die Sternenkinder stehen auf und gehen mit ihren Lampen im Kreis.

Und mitten in der Winterzeit,
da funkelt hell der Glanz.
So schaut doch hoch zum Himmel
und seht den Sternentanz.
Ja, wir hatten viel zu tun,
dürfen jetzt ein bisschen ruhn.
Die Sternenkinder, voll im Glanz,
drehen sich im Lichtertanz.

Ein Engel fiel vom Himmelsrand

Nr. 20
Musik & Text: Reinhold Alexander, Ralf Kiwit

1.
Vor Kälte knackte leis das Eis,
der Wind kam von Nordost,
und alle Felder waren weiß
vom grimmig kalten Frost.
Es war so seltsam sonderbar,
der See schien wie geleckt,
und auch die graue Stadt war
fein zärtlich schneebedeckt.

2.
Ein Engel fiel vom Himmelsrand
und landete ganz sacht
in einer warmen Kinderhand,
in jener Winternacht.
Es war die heilig Weihnachtsnacht,
unschuldig schlief das Kind
und hat im Traum ganz kurz gelacht,
weil Engel kitzlig sind.

3.
Ein Engel fiel vom Himmelsrand
und hat sich klein gemacht
in dieser warmen Kinderhand,
und blieb die lange Nacht.
(nach der Melodie ab Takt 9)

Advent und Weihnachten hier und überall

Unsere Kinder erfahren fast täglich durch das Fernsehen, dass es in vielen Teilen der Welt nicht so friedlich zugeht wie bei uns. Auch durch persönlichen Kontakt mit Migrantenkindern werden sie mit Problemen in Familien aus anderen Ländern konfrontiert.

So ist es in einem Buch mit weihnachtlichen Spielen angebracht, die Kinder zu einem erweiterten Problembewusstsein, zum Nachdenken über die Nöte anderer Menschen anzuleiten. Einige Vorschläge dienen als Auftakt für eine Spendenaktion, alle sind gut mit Kindern aus verschiedenen Kulturkreisen aufzuführen.

Spielaktion für Not leidende Kinder

In diesem kurzen Spiel wird daran erinnert, dass viele Kinder in der Welt keinen vollen Gabentisch kennen.

Rollen
1 Sprecher, 3 Kinder

Vorbereitung
Besorgen Sie Material über die Situation der Kinder in armen Ländern, z. B. von Misereor, Brot für die Welt oder Terre des hommes. Dort erfahren Sie auch, welche Projekte Sie unterstützen können. Kopien der Fotos dienen als Grundlage für ein vorbereitendes Gespräch mit den Kindern. Legen Sie Malutensilien und große Papierbögen bereit, damit die Informationen und Eindrücke in Bildern verarbeitet werden können. Die großen Bögen werden für die Spielaktion an die Wände gehängt.

Ältere Kinder können auch aus Zeitschriften selbst Collagen herstellen.

Das brauchen wir
Informationsmaterial „Kinder in der Dritten Welt", große Papierbögen, Malstifte, Sammelbüchsen. Für Ältere Zeitschriften, Schere, Klebstoff und Papier

So wird gespielt
Ein Sprecher und drei weitere Kinder stehen vor den Zuschauern. An den Wänden hängen die Bilder (oder Collagen), die die Kinder hergestellt haben. Nach der Spielaktion sammeln die Kinder für das vorgestellte Projekt.

Das Spiel

Der folgende Text kann auch (nach der Melodie „Alle Jahre wieder" von S. 61) gesungen werden

Sprecher: Alle Jahre wieder
kommt der Engel Schar.
Und die frohen Lieder
klingen wunderbar.

Alle Jahre wieder
in der weiten Welt
hungern, dursten Kinder
unterm Himmelszelt.

Alle Jahre wieder
nah und fern im Land,
lasst uns teilen, helfen,
öffnen Herz und Hand.

1. Kind: Ich komme her aus Afrika,
da brennt die Sonne Tag für Tag.
Die Brunnen, die sind alle leer,
wer bringt uns frisches Wasser her?
So durstig sind oft Mensch und Tier,
du liebes Kind, hilfst du auch mir?

2. Kind: Ich bin vom fernen Asien da,
ich habe Hunger Tag für Tag.
Dort sind die Hände oft ganz leer,
wer bringt uns Reis und Fische her?
So hungrig sind oft Mensch und Tier,
du liebes Kind, hilfst du auch mir?

3. Kind: Ich bin ein kleines Indiokind,
ich bettle oft um Geld und Brot.
Sieh – meine Hände sind ganz leer,
wer bringt uns Mais, Kartoffeln her?
So hungrig sind oft Mensch und Tier,
du liebes Kind, hilfst du auch mir?

Alle: Ihr werdet zu Weihnachten feiern und essen,
wir bitten euch, uns nicht zu vergessen.

Den folgenden Text gemeinsam singen oder sprechen

Alle Jahre wieder
nah und fern im Land,
lasst uns teilen, helfen,
öffnen Herz und Hand.

Die Erzieherin berichtet von der gemeinsamen Vorbereitung und informiert, dass sich die Einrichtung mit den Kindern gemeinsam entschlossen hat, für ein bestimmtes Projekt zu spenden.

Unser Kreis soll größer werden

Eine etwas aufwändigere Spielszene für ältere Kinder – die allerdings nicht lange Zeit braucht – zu Beginn einer Spendenaktion für Not leidende Menschen in aller Welt. Thematisiert wird auch die Abwehr gegen Fremde.

Rollen

1 Erzähler, 12–14 Kinder

Vorbereitung

Mit den Kindern ausländische Satzfetzen oder Wörter einüben, Zettel mit dem neuen Text auf das Lied „Alle Jahre wieder" fotokopieren

Das brauchen wir

Weihnachtliche Basteleien (Strohsterne, Weihnachtsmann zum Ausschneiden, kleine Engel), 2–3 Teller mit Plätzchen und Lebkuchen, 1 Adventskranz, mindestens 8 dicke Kerzen, ärmliche Kleidung, alte Decken, ggf. Schminke, Liedzettel

So wird gespielt

Es gibt 6 Sprechrollen (die deutschen Kinder) und 6–8 Kinder, die „die Fremden" spielen. Falls keine ausländischen Kinder mitspielen, können deutsche ein wenig geschminkt werden. Die deutschen Kinder sitzen um einen Kreis brennender Kerzen herum. Sie sind mit Weihnachtsvorbereitungen beschäftigt, basteln zum Beispiel Strohsterne. Vor den Zuschauern entfaltet sich eine friedliche weihnachtliche Szene.
Der Erzähler führt nach dem gemeinsamen Eingangslied in das Thema ein. Nach der Spielszene sammeln die Kinder für ein Projekt.

Das Spiel

Nach der bekannten Melodie von „Alle Jahre wieder“ (s.S. 61) singen alle gemeinsam:

1. Alle Jahre wieder
zünden wir Kerzen an.
Singen unsre Lieder,
dass man sich freuen kann.

2. Alle Jahre wieder
schmücken wir Haus nach Haus.
Und die große Freude
dringt in die Welt hinaus.

3. Alle Jahre wieder
wird unser Lied gehört.
Deshalb woll'n wir keinen,
der das Fest uns stört.

Erzähler: In den Adventstagen sind wir alle verzaubert von den wunderbaren weihnachtlichen Zeichen, die uns jedes Jahr wieder froh machen: die grünen Zweige am Kranz und am Tannenbaum, der Glanz der selbstgebastelten Sterne, der Duft der Lebkuchen, das Licht der Kerzen. Und die Kinder freuen sich auf die Geschenke, die Erwachsenen auf die Zeichen liebevoller Zuwendung von Verwandten und Freunden.
Auch in den Tagen der Geburt Christi hat es wunderbare Zeichen der frohen Botschaft gegeben: das strahlende Licht der Sterne, die Heiligen drei Könige, der Lobpreis der Engel.
Aber da war auch manches Dunkel in jenen Tagen: Josef und Maria fanden erst nach langer Suche einen ärmlichen Stall, in dem das Jesuskind zur Welt kam. Die ersten Boten der frohen Botschaft, die armen Hirten vom Felde, wurden von vielen Bürgern in Bethlehem verachtet.
In der kurzen Spielszene, die wir gleich sehen können, wird davon erzählt, dass die weihnachtliche Stimmung einer Kindergruppe von Fremden gestört wird. Sie werden zunächst abgelehnt, weil sie anders aussehen, ärmlich gekleidet sind, unverständlich reden.

In den Raum dringt eine Schar ausländischer Kinder herein. Man hört fremdartige Laute: russische, afrikanische, vielleicht arabische Wörter. Die deutschen Kinder schauen den Fremden entsetzt entgegen.

1. Kind: Schaut weg, da kommen arme Leut,
die Decken sind schmutzig,
die Kleider sind grau,
die Schuhe zerrissen,
was wollen die nur bei uns heut!

2. Kind: Geht weg, so packt euch eilends fort.
Habt ihr wohl gestohlen?
Wo kommt ihr her?
Gelogen, betrogen.
Für euch ist hier nicht der rechte Ort.

3. Kind: Geht weg, was wollt ihr bei uns stehn!
Ihr wollt uns nur stören!
Der eine hat ganz dunkle Haut.
Ihr könnt uns doch nicht hören.
Es kann euch keiner hier verstehn.

4. Kind: Geht weiter in die Welt hinaus.
Was sprecht ihr für Worte.
Seid ihr wohl dumm?
Salem aleikum.
Für euch steht offen hier kein Haus.

5. Kind: Zieht fort, ihr passt uns einfach nicht.
Seid fremd in der Gruppe,
ihr stört uns beim Spiel.
Nun zieht endlich Leine!
Ihr steht uns allen hier im Licht.

6. Kind: Wir pusten nun die Kerzen aus.
Wir wollen euch nicht sehn.
Ihr sollt rasch wieder weg,
dahin, wo ihr geboren seid.
Es ist kein Platz in unserm Haus.

Die deutschen Kinder pusten die Kerzen aus. Sie ziehen sich zurück, während die fremden Kinder in den Kreis treten. Der Erzähler zündet eine große Kerze wieder an.

Erzähler: *(zu den Fremden gewandt)* Ihr seid von weither gekommen. Ihr erlebt, wie sich viele Menschen von euch abwenden. Ihr merkt, wie schwer es ist, neue Freunde, eine neue Heimat zu finden. Aber vielleicht werden sich einige unserer deutschen Kinder doch besinnen und ihren Kreis für euch öffnen.

Weitere Strophen des Liedes werden gemeinsam gesungen:

4. Alle Jahre wieder
leuchtet uns hell der Stern,
ziehen fremde Menschen
zu uns her von fern.

5. Alle Jahre wieder
fällt uns das Teilen schwer.
Doch sind unsre Hände
ganz gewiss nicht leer.

1. Kind: *(nähert sich zögernd)* Kommt her, es muss doch Platz noch sein

für Hassan aus Afghanistan,
für Aische aus Bagdad,
für David aus Jerusalem.
Kommt alle in unsern Kreis hinein.

Das Kind zündet eine Kerze wieder an

2. Kind: Ganz weit im Osten bist du geboren
und hast viele Freunde dort verloren?
Du sollst nicht länger draußen stehn
wir wollen versuchen, dich zu verstehn.

Das Kind zündet eine weitere Kerze an

3. Kind: Afghanistan ist dein Heimatland,
dort gibt es Wüste, Stein und Sand.
Nun musst du hier zu Hause sein,
so komm in unsern Kreis herein.

Das Kind zündet die nächste Kerze an

4. Kind: Aus dem Irak musstest du ziehn,
vor Bomben und Minen eiligst fliehn.
Nun ist dir alles hier so fremd,
und niemand deine Ängste kennt.
Wir wollen gemeinsam die Kerzen anzünden,
du sollst hier neue Freunde finden.

Beide Kinder zünden gemeinsam eine weitere Kerze an

5. Kind: Du bist in Südamerika geboren,
ihr habt euer Haus und Land verloren.
Wir haben genug zu trinken, zu essen,
wir wollen die Hungernden nicht vergessen.

Beide Kinder zünden gemeinsam eine weitere Kerze an

6. Kind: In Afrika bist du mit großem Verlangen
die weiten Wege zum Brunnen gegangen.
Du kennst Verfolgung und Angst und Not.
Du fliehst vor dem Krieg und vor dem Tod.
Zünd an die Kerze mit eigener Hand.
Hier bist du in einem sicheren Land.

Das fremde Kind zündet eine Kerze an

Gemeinsam werden die beiden letzten Strophen des Liedes gesungen

6. Alle Jahre wieder
trifft uns des Herrn Gebot.
Öffnet eure Hände
und lindert fremde Not.

7. Alle Jahre wieder
öffnen wir Herz und Haus.
Und der Weihnachtssegen
bleibt gewiss nicht aus.

Ein Friedensspiel im Advent

Dieses Kreisspiel kann gut in einer Gruppe mit Kindern aus verschiedenen Kulturkreisen umgesetzt werden.

Rollen

Spielleitung, größere Kindergruppe, davon 5 Sprechrollen

Das brauchen wir

Tisch mit Adventskranz, Kerzen für die ausländischen Kinder, Untersetzer oder Teller für die Kerzen

So wird gespielt

Die deutschen Kinder stehen um den Tisch, die Adventskerzen brennen noch nicht. Die ausländischen Kinder stehen mit ihren Kerzen in einem Außenkreis.

Das Spiel

Alle deutschen Kinder: Wir zünden nun die Kerze an,
seht, wie hell sie brennt.
Bald erstrahlen viele Kerzen,
und wir feiern den Advent.

Einige Kinder zünden die Kerzen an

Spielleitung: Spielen und singen wollen wir heut,
wir freuen uns auf die Weihnachtszeit.
Wir leben in Frieden, wir haben Brot,
wir kennen nicht Hunger und Krieg und Not.

Viele Kerzen bei uns brennen,
hell soll es bei uns nun sein.
Doch draußen stehn noch viele Kinder,
wer holt sie in den Kreis herein?

Es kommen Fremde in unser Land
und suchen einen friedlichen Ort.
Lasst sie in unsern Kreis hinein
und schickt sie nicht wieder fort.

Sie kommen aus einem anderen Land,
verstehen unsre Sprache nicht.
Gebt ihnen freundlich eure Hand.
Sonst löschen wir das helle Licht.

Die deutschen Kinder schauen sich nicht um. Nach einer Weile pustet die Spielleitung die Kerzen aus.

1. Kind: Nun ist es dunkel hier im Raum,
wir sehen unsre Hände kaum.
Die Fremden sollen das Licht uns bringen,
dann können wir wieder spielen und singen.

Einige Kinder aus dem Innenkreis zünden den Kindern im Außenkreis die Kerzen an. Die Kinder aus dem Außenkreis stellen ihre Kerzen nacheinander auf die Untersetzer. Alle fassen sich an den Händen.

2. Kind: Wir zünden den Fremden die Kerze an,
die Licht und Freude uns bringen kann.

3. Kind: Du sollst nicht länger draußen stehn,
wir wollen versuchen, dich zu verstehn.

4. Kind: Bist du auch braun oder schwarz oder weiß,
du bist willkommen hier im Kreis.

5. Kind: Wir fassen uns alle an die Hand,
soll Frieden herrschen hier im Land,
soll Frieden sein im ganzen Haus,
das rufen wir weit in die Welt hinaus.

Spielleitung: Wo gibt es heut noch Frieden?
So fangt doch damit an!
In eurem Haus, in eurer Stadt,
dann ist schon viel getan.

Alle: Nun brennen viele Kerzen hell,
seht, es glänzt der Schein.
Und größer wird nun unser Kreis,
soll Frieden hier im Hause sein!

Krieg und Frieden bei den Tieren

Dieses Spiel kann einfach nur mit Bewegungen oder aufwändig mit Kostümen umgesetzt werden. Wir haben die Erfahrung gemacht, dass noch lange Zeit nach der ersten Aufführung ganze Wandbilder mit dem Thema „Krieg und Frieden" die Gruppenräume schmückten und das Thema von den Kindern immer wieder aufgegriffen wurde.

Rollen

1 Spielleitung, 1 Erzählerin, mindestens 8 Kinder

So wird gespielt

Die Erzieherin trägt den Text möglichst ausdrucksstark vor. Das sollte sie vorher für sich ein paar Mal üben. Die Kinder denken gemeinsam darüber nach, wie sich die Tiere bewegen oder welche Laute sie ausstoßen. Sie können sich auch an die Vorschläge im Text halten. Die Tierrollen werden verteilt, Wespen und Hornissen kann es auch mehrere geben. Die Spielleitung sollte darauf achten, dass der „Krieg"nicht in wilde Kämpfe ausartet.

Das Spiel

Erzählerin: Krieg ist böse, Streit ist dumm!
Guckt euch bei den Tieren um!
Die hatten sich ganz schlimm entzweit,
es kommt ja schnell zu einem Streit.

Ein Wolf schlief tief am Waldesrand,
Liegt zusammengerollt auf dem Boden
da kam ein Käfer angerannt
Auf allen Vieren krabbeln
und zwickte, zwackte ihn am Po.
Mit den Fingern in den Po zwicken
Der Wolf sprang auf und schrie: „Oho!

Du Krabbelkäfer, fort mit dir!
Was willst du Miststück hier bei mir?
Kennst du nicht meinen Prankenhieb?
Haut mit dem Arm und gekrümmten Fingern durch die Luft
Fort, ist dir wohl dein Leben lieb?"
Fletscht die Zähne

„Nun gib doch nicht so schrecklich an!",
sprach da der Käfer, „Mann oh Mann!
Stemmt die Hände in die Seiten
Wenn Groß und Klein die Kräfte messen,
kannst du die Pranken bald vergessen!"

Der Wolf, er sprach: „Du willst wohl Krieg!
Nun gut! Doch unser ist der Sieg!
Schüttelt drohend die Faust
Ich hol den Luchs, das Pferd, den Bär,
die großen Tiere gleich mal her!"

Der Käfer mit den Krabbeltieren
beschloss nun auch, den Krieg zu führen.
Da kamen Wespen angesummt,
Mit den Zeigefingern durch die Luft fahren und summen
es kribbelt, krabbelt, fliegt und brummt.

Der Wolf, der rief dem Hirsch gleich zu:
„Du bist der Fahnenträger! Du!
Mit beiden Händen eine Fahnenstange umklammern
Ihr andern klemmt den Schwanz fest ein,
die Feinde stechen gern hinein!"

Und drumherum, die Schlacht begann,
Hornissen brummten vornean.
Hier können jetzt alle agieren
Der Hirsch bekam den ersten Stich.
Er floh und schrie: „Kämpft ohne mich!"

Dem Bären stachen sie ins Ohr,
dass der vor Schmerz den Mut verlor.
Hält sich das Ohr
Er brummt: „Nun kämpft, wer kämpfen kann,
mich geht der Krieg jetzt nichts mehr an!"

Und weiter summt das Wespenheer,
Wespen (Zeigefinger) pieksen die anderen Tiere
sticht Pferde, Kühe, zwackt sie sehr.
Da schreit der Wolf: „Lauft schnell nach Haus!
Der Krieg, der ist für heute aus!"

Die großen Tiere: Esel, Luchs
und Schafe, Pferde, Hund und Fuchs,
Laufen in eine Ecke, verfolgt von den Wespen
es flieht in Angst das große Heer,
die Wespen, Bienen hinterher.

Am Abend sprach der Fuchs, zerstochen:
Alle großen Tiere liegen erschöpft am Boden
„Warum ist Streit nur ausgebrochen?
Krieg soll es nun nie wieder geben,
das schwör ich euch, bei meinem Leben!"
Hebt die Finger zum Schwur

Und die Moral von der Geschicht:
Vertragt euch; Streit, der lohnt sich nicht.
Reicht euch die Hände, meine Lieben,
und freut euch, denn wir halten Frieden!
Die Kinder geben sich gegenseitig die Hände

Ich freue mich noch mehr

Ein Lied darüber, dass Geschenke zu bekommen genauso schön ist wie andere zu beschenken. Weil Weihnachten das Fest des Friedens und der Freude ist, zeigen uns die Verse, dass wir mit wenig Aufwand auch in der eigenen Familie diesen Traum für uns erfüllen können.

Musik & Text: Reinhold Alexander & Ralf Kiwit – ⊙ Nr. 12

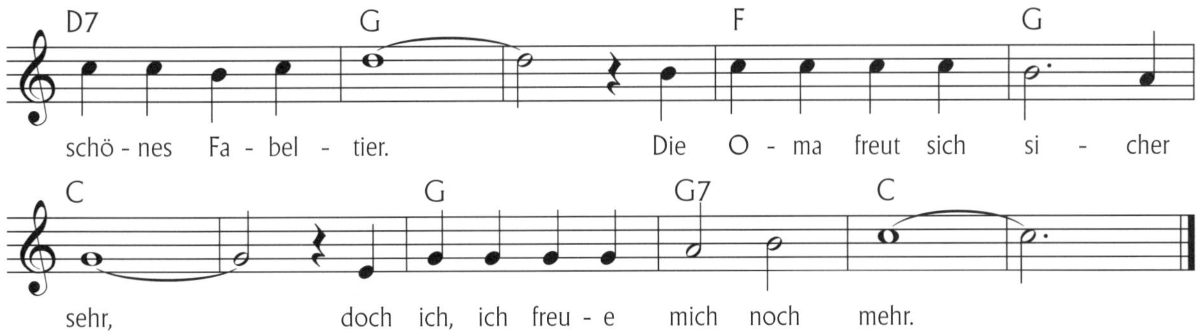

Refrain:
Ich kriege gern Geschenke, das ist doch sonnenklar,
doch finde ich das Schenken genauso wunderbar.
Wenn sich die andern freuen, dann freue ich mich auch,
mir wird vor lauter Freude, ganz kribbelig im Bauch.

1. Ich bastel gerne und in diesem Jahr
bau ich was super Tolles – für meine Großmama:
Aus Perlen und aus buntem Malpapier
entsteht ein wunderschönes Fabeltier.
Die Oma freut sich sicher sehr,
doch ich, ich freue mich noch mehr.

Refrain

2. Für meine Mama baue ich aus Holz
einen Eierbecher, darauf bin ich stolz!
Dem Papa bastel ich in diesem Jahr
einen Kamm für extra dünnes Haar.
Die beiden freun sich sicher sehr,
doch ich, ich freue mich noch mehr.

Refrain

3. Ein niegelnagelneues Kuscheltier,
wünscht sich mein kleiner Bruder Max von mir.
Ich habe Geld gespart und kauf ihm dann
ein Stachelschwein mit hundert Stacheln dran.
Der Maxe freut sich sicher sehr,
doch ich, ich freue mich noch mehr.

Refrain

4. Gebastelt und verpackt, jetzt wird es Zeit,
noch einmal schlafen, dann ist es soweit.
Und liegen die Geschenke unterm Baum,
erfüllt sich sicher mancher Weihnachtraum.
Und alle freuen sich so sehr,
doch ich, ich freue mich noch mehr.

Refrain

Wenn die Sternsinger kommen

In vielen Gegenden Deutschlands wird am 6. Januar das Fest der Heiligen drei Könige gefeiert. An diesem Tag ziehen Kinder prächtig geschmückt als Sternsinger hinter einem Stern her von Haus zu Haus. Sie tragen ihre Sternsingersprüche vor und schreiben an die Türpfosten von Häusern und Ställen mit Kreide geheimnisvolle Zeichen: C + M + B – Caspar + Melchior + Balthasar sollen im neuen Jahr das Haus beschützen. Diese drei Buchstaben gehen eigentlich auf das lateinische „Christus mansionam benedicat" zurück: „Christus segne dieses Haus." Die Sternsinger verkünden den Menschen Gottes Frieden und erbitten Gaben für Kinder in der Dritten Welt.

Drei Sprüche der Sternsinger

Der Glanz des Sterns
hat uns berührt
und auf den Weg
zum Kind geführt.

Die Hoffnung hat
er angefacht
und uns gelenkt
durch Not und Nacht.

Es glänzt unser Stern
ins Dunkel hinaus.
Wir tragen sein Licht
von Haus zu Haus.

Gebt eure Gaben,
seht unsern Stern.
Er weist als Zeichen
auf Gott, unsern Herrn.

*

Caspar: Wir kommen her aus fremden Landen,
den weiten Weg wir zu euch fanden.
Der helle Stern heut mit uns zieht.
Wir bringen unser Königslied:

Alle: Hoch überm Stall stand hell der Stern.
Wir bringen die Botschaft von unserm Herrn.
Seht, es grüßt euch das helle Licht,
vergesst die guten Gaben nicht.

Melchior: Wir sind so lange voll Verlangen
den heißen Wüstenweg gegangen.
Ein Wunder ist im Stall geschehn,
wir haben nun das Kind gesehn.
Wir singen unser Königslied:

Hoch überm Stall …

Balthasar: Die Botschaft, sie soll weiterwandern
von einer Tür bis hin zur andern.
Es segne Gott auch dieses Haus,
Nun ziehn wir in die Nacht hinaus.
Wir singen unser Königslied:

Hoch überm Stall …

*

Wir folgten nach dem hellen Stern
durch Wüste, Sand und Stein.
Wir zogen heran aus fernem Land
und traten zum Stalle hinein.

Kehrvers: Gott segne gnädig dieses Haus
und alle, die gehen ein und aus.

Wir trugen Weihrauch, Myrrhe, Gold,
es führte uns der Stern.
Wir knieten nieder bei dem Kind
und grüßten den Heiland und Herrn.

Gott segne gnädig …

Nun strahlt der helle Stern für euch.
Vergesst die Gaben nicht!
Gott segne uns im neuen Jahr.
Es glänzt uns im Dunkel sein Licht.

Gott segne gnädig …

Kleines Königsspiel für Finger- oder Tischtheater

Jüngere bekommen die kurze Geschichte mit den Fingern vorgeführt, etwas ältere Kinder machen daraus ein einfaches Tischtheater.

Rollen

2 Hände oder 5 Kinder

Das brauchen wir

Schwarze und gelbe Filzstifte für die Finger, Tonfiguren für das Tischtheater

So wird gespielt

Die Gesichter (mit Kronen) der drei Könige werden auf Zeige-, Mittel- und Ringfinger der linken Hand gemalt, die rechte stellt Stern und Krippe dar.
Für ein Tischtheater formen die Kinder aus Ton die Heiligen drei Könige, die Krippe und einen Stern. Jeweils ein Kind bewegt die entsprechende Figur auf dem Tisch bzw. den Stern über dem Tisch.
Bei größeren Gruppen wird das Spiel mehrmals wiederholt, so dass alle drankommen.

Das Spiel

Drei Könige ziehen durch den Sand
nach Bethlehem ins Heilge Land.
Das ist der König Melchior,
Mit dem Zeigefinger wackeln
der reitet an der Spitze vor.
Dann folgen Kaspar *(Mittelfinger)* und Balthasar *(Ringfinger)*,
sie tragen Kronen auf dunklem Haar.
Sie reiten langsam, Schritt vor Schritt,
Alle fünf Finger der linken Hand „reiten"
und der Stern da oben, der zieht mit.
Finger der rechten Hand abspreizen und hochhalten
Nun könnt ihr sie in Bethlehem sehn,
sie bleiben an der Krippe stehn.
Die drei Finger der linken Hand beugen sich über die offene rechte Handfläche
Sie rufen: „Das lasst uns alle bedenken,
du Kind willst uns Frieden und Freude schenken!"

Die Heiligen drei Könige bei Herodes

Ob Herodes tatsächlich eine so grausame Rolle gespielt hat, wie in der christlichen Überlieferung berichtet, ist historisch eher unwahrscheinlich. Aber sein Verhalten steht für das Unverständnis weltlicher Macht gegenüber dem Wunder eines unschuldigen Kindes, das der „neue König der Juden" sein soll.

Rollen

3 Könige, Herodes, Schriftgelehrter

Das brauchen wir

Für die Könige breite, möglichst verzierte Stoffgürtel, Turban und/oder Kronen aus Pappe, Papierrolle mit rotem Band verschnürt, langes Gewand und großen Stuhl für Herodes, Brille und großes Buch mit geheimnisvollen Zeichen auf dem Einband für den Schriftgelehrten

So wird gespielt

Links sitzt Herodes auf seinem Stuhl und stützt den Kopf mit einer Hand. Der Schriftgelehrte steht hinter ihm. Von rechts kommen die Könige.

Das Spiel

Caspar *(deutet nach oben):* Sehr ihr den Stern dort überm Land?
Wir folgen ihm durch den Wüstensand.

Melchior *(hält die Hand über die Augen):* Der Stern, er glänzt mit hellem Schein,
ein Königszeichen muss das sein.

Balthasar *(zeigt mit der Hand nach links):* Am Hof des Herodes, da wird es geschehn,
wir werden den neuen Herrscher dort sehn.

Die drei Könige gehen langsam nach links, bis sie vor dem Thron stehen.

Herodes *(macht eine weit ausholende Geste mit der Hand):* Ihr hohen Herren, welche Ehr,
was führt euch zum Palaste her?

Caspar *(tritt vor):* Wir zogen, Herr, vor deinen Thron,
ist hier der neue König geborn?

Herodes *(seine Hand geht zum Mund):* Ein neuer Herrscher? O Schreck, o Graus,
der mich vertreibt von Hof und Haus?
Du Schriftgelehrter, sage mir,
ein Königskind ist geboren hier?

Schriftgelehrter *(schlägt sein großes Buch auf):* Wie es im Buche des Micha steht,
hat es verkündigt der Prophet.
In Bethlehem, im Dorf so klein,
soll unser Heil geboren sein.

Herodes *(steht auf und ruft):* So zögert nicht, nun eilt geschwind,
sucht das verheißne Königskind!
Dann kehrt zurück und sagt mir's an,
dass ich auch zu ihm beten kann.

Caspar *(beugt sich zu Melchior und sagt hinter vorgehaltener Hand):* Der Herrscher sieht so listig aus,
wir gehen nicht wieder ins Königshaus.

Melchior *(deutet nach oben):* So seht, der Stern, er führt uns fort,
ihm folgen wir zum heilgen Ort.

Balthasar *(geht mit den anderen nach rechts):* Der Stern bleibt stehen überm Stalle,
das Kind ist geboren für uns alle.

Alle drei *(wenden sich an die Zuschauer):* Machet euch bereit, das Wunder zu sehn,
wir wollen zum Kind in der Krippe gehn.

Folge dem Weihnachtsstern

Dieses Lied über den Weihnachtsstern und seine versöhnliche Botschaft kann zum Abschluss einer Weihnachtsfeier genauso gesungen werden wie bei einer Aufführung mit den Heiligen drei Königen. Für ein einfaches Singspiel tanzen die Kinder im Kreis zum Refrain. Jeweils ein Kind singt die Strophen, die anderen machen Bewegungen dazu: In der ersten fangen sie mit den Händen Schneeflocken, in der zweiten wird kräftig gepustet, in der dritten heben die Kinder die Arme nach oben.

Musik & Text: Bernd Mann & Rudi Mika Nr. 16

Refrain
Folge dem Weihnachtstern, sein Licht leuchtet klar.
Folge dem Weihnachtstern, ein Wunder wird wahr.
Folge dem Weihnachtstern, was auch geschieht.
Folge dem Weihnachtstern, sing ihm dies Lied.

1.
Mit Juchhe und Hurra, ist der Winter jetzt da,
und der Schnee fiel vom Himmel wie Engelshaar.
Mit Glitzer bemalt erstrahlt diese Welt,
und der Weihnachtstern leuchtet am Himmelszelt.

Refrain

2.
Der Wind weht von Norden, in den Häusern brennt Licht,
und am Fenster da wartet manch Kindergesicht.
Die Wünsche sind lang schon beim Christkind bestellt,
und der Weihnachtstern leuchtet am Himmelszelt.

Refrain

3.
Wir fühlen das Wunder, das damals geschah,
und die Wärme und Kraft sind uns allen sehr nah.
Diese Liebe und Wärme braucht auch unsere Welt,
und der Weihnachtstern leuchtet am Himmelszelt.

Refrain

Autorin und Illustratorin

Barbara Cratzius, geboren in Swinemünde/Pommern, war fast 30 Jahre lang Lehrerin an Grund- und Hauptschulen. Bei einem längeren Aufenthalt in Spanien unterrichtete sie an einer deutschen Schule und arbeitete im Deutschen Kulturinstitut mit. Als Leiterin von Kinderchören und Laienspielgruppen verfasste sie ihre ersten Texte. Seit 1980 veröffentlichte sie Geschichten, Spielanregungen, Verse, kleine Spielstücke und Liedertexte für Kinder, die u.a. bei Herder, Ravensburger, ars edition und rororo erschienen sind. Ihre zahlreichen, sehr erfolgreichen Bücher begeistern seit mehr als 25 Jahren kleine und größere Kinder, ErzieherInnen, LehrerInnen und Eltern.
Barbara Cratzius starb im Dezember 2006.

Simone Pahl, Jahrgang 1968, zeichnete schon immer leidenschaftlich gerne. Sie studierte zunächst Architektur in Berlin. Bereits während ihrer Tätigkeit als Architektin wurden zahlreiche Illustrationen von ihr veröffentlicht. 2004 beschloss sie, ihre Leidenschaft zum Beruf zu machen. Seitdem sorgt sie als freie Illustratorin für eine anspruchsvolle Bebilderung von Unterrichtsmaterialien, Lernspielen, Kinder- und Jugendbüchern verschiedener Verlage. Ihr Ziel ist es, durch einen einfühlsamen und lebendigen Zeichenstil die Inhalte von Texten eindrucksvoll zu vermitteln. Sie ist Mitglied der „Illustratoren Organisation e.V.".
Weitere Informationen unter www.simonepahl.de

Register

Die mit Noten abgedruckten *Lieder* sind *kursiv* gesetzt.

Musikempfehlung zu diesem Buch

Ich freue mich noch mehr

Lieder, Gedichte und Geschichten zur Weihnachtszeit

An Weihnachten, dem schönsten Fest des Jahres, muss alles sein wie immer - und doch ein bisschen anders. „Ich freue mich noch mehr" präsentiert neben liebevoll arrangierten traditionellen Liedern wie: „O du fröhliche", „Alle Jahre wieder" und „Lasst uns froh und munter sein" eine ganze Reihe neuer Lieder, die die Stimmungen der Weihnachtszeit musikalisch wunderbar aufgreifen. Rund um Advent, den Nikolaustag und den Heiligen Abend widmen sich die Lieder und einige kurze Gedichte und Geschichten so wichtigen Fragen wie: „Wo landet ein kleiner Engel, der vom Himmelsrand fällt?" „Wie kann der Nikolaus den Kindern Süßigkeiten bringen, wenn ihm jemand die Stiefel geklaut hat?" „Was machen die Tiere, wenn es winterkalt wird im Wald?" Und: „Kann die Freude anderen etwas zu schenken vielleicht sogar größer sein, als selbst etwas geschenkt zu bekommen?" Alle Lieder sind von Ralf Kiwit mit vielen Original-Instrumenten abwechslungsreich gestaltet. Vielfältige Kinder- und Erwachsenenstimmen nehmen uns mit auf eine stimmungsvolle Reise, die die Wartezeit bis zum langersehnten Fest angenehm überbrückt.

Die CD stellt eine optimale Ergänzung zu diesem Buch dar. Sämtliche Liedtexte sind im vierfarbig gestalteten Booklet enthalten.

ISBN: 978-3-936286-49-6

Pit Budde / Josefine Kronfli

Santa, Sinter, Joulupukki

Weihnachten hier und anderswo

Ein internationaler Ideenschatz mit Liedern, Geschichten, Bastelaktionen, Rezepten, Spielen und Tänzen

ISBN: 978-3-936286-04-5

Jedes Jahr feiern Millionen von Familien auf der ganzen Welt das Weihnachtsfest und besonders für die Kinder ist es das schönste Fest überhaupt. Während wir in Deutschland gemeinsam Plätzchen backen, Tannenbaumschmuck und Geschenke basteln, begehen die Menschen in vielen Ländern Weihnachten ganz anders als wir. Das Buch hilft mit vielen Liedern, Geschichten, Bastelanregungen, Rezepten und Spielen eine internationale vorweihnachtliche Atmosphäre zu schaffen. So erleben die Kinder die Advents- und Weihnachtszeit bis zu den Heiligen Drei Königen auf der ganzen Welt.

Ein fantasievoller Begleiter für Kindergarten, Kindergruppe, Grundschule und Elternhaus. Ideal für alle, die der Weihnachtszeit bunte Farbtupfer und neue Ideen einhauchen möchten.

... und dazu der Tonträger von Pit Budde & Karibuni:

Santa, Sinter, Joulupukki

So klingt Weihnachten hier und anderswo – in Deutsch und Originalsprachen gesungen

Neues, Vielfältiges und Altbekanntes rund um den Globus prägen die Lieder, Rhythmen, Klänge und Texte der vorliegenden CD, gesungen von Kindern und Erwachsenen aus verschiedenen Ländern - in Deutsch und Originalsprachen. Hier kann Weihnachten ganz neu und fantasievoll entdeckt und gefeiert werden.

Für die Advents- und Weihnachtszeit bis zu den Heiligen Drei Königen in Kindergarten, Tagesstätte, Grundschule, Musikschule und natürlich für zu Hause zum Mitsingen, Zuhören und Feiern.

ISBN: 978-3-936286-05-2